POLYGLOTT **on tour**

Südafrika

Die Autoren
Daniela Schetar
Friedrich Köthe

W0191648

Unser E-Book-Code zur elektronischen Erweiterung des POLYGLOTT on tour. Das kostenlose E-Book enthält die im Reiseführer aufgeführten Adressen entlang der Touren, beispielsweise zu Essen und Trinken, Shoppen, Aktivitäten und Hotel-Tipps. Links auf einen externen Kartendienst vereinfachen das Auffinden dieser Adressen.

Mit großer Faltkarte
& 80 Stickern
für die individuelle Planung

www.polyglott.de

SYMBOLE ALLGEMEIN

 Besondere Tipps der Autoren

SPECIAL — Besonderen Aktivitäten

SEITEN BLICK — Spannende Anekdoten
zum Reiseziel

 Top-Highlights und
Highlights der Destination

Top-Touren & Sehenswertes

	TOUR-SYMBOLE		PREIS-SYMBOLE	
1	Die POLYGLOTT-Touren		Hotel DZ	Restaurant
6	Stationen einer Tour	€	bis 900 Rand	bis 150 Rand
①	Hinweis auf 50 Dinge	€€	900–1500 Rand	150–300 Rand
[A1]	Die Koordinate verweist auf	€€€	über 1500 Rand	über 300 Rand
	die Platzierung in der Faltkarte			
[a1]	Platzierung Rückseite Faltkarte			

Zeichenerklärung der Karten

beschriebene Region
(Seite=Kapitelanfang)

10 **E** **h** Sehenswürdigkeiten

4 Tourenvorschlag

Autobahn
Schnellstraße
Hauptstraße
sonstige Straßen
Fußgängerzone
Eisenbahn
Staatsgrenze
Landesgrenze
Nationalparkgrenze

Karibib
Okahandja
Gobabis
Swakopmund
Windhoek
Walvis Bay
Dordabis
K a l a h a r i
südlicher
Wendekreis
Rehoboth
Aranos
B O T S W A N A
Solitaire
Namib-
Naukluft-
Gebirge
Stampriet
Namib
Sesriem
Mariental
Naukluft
Maltahöhe
N A M I B I A
Kgalagadi
Hochebene und Wüste S. 136
Park
Helmeringhausen
12 Trans frontier Park
Bethanien
Twee
Rivieren
Lüderitz
Keetmanshoop
Aus
Goageb
Seeheim
Aroab
Namib
Fish
River
Canyon
Park
Grünau
Rosh
Pinah
Oranjemund
Richtersveld
N.P.
Alexander
Bay
Orange
Noordoewer
Karasburg
Augrabies
Falls N.P.
Alheit
Upington/
Khara Hais
Postmas
A T L A N T I S C H E R
Port Nolloth
Steinkopf
Groblershoc
O Z E A N
Nababeep
Springbok
Orange
Prieska
Kamieskroon
Brandvlei
Northern Cape
Garies
Carnarvon
S Ü D A F R I K A
Calvinia
Strandfontein
Klawer
Fraserburg
Clanwilliam
Lambert's Bay
Sutherland
Große Karoo
Karoo N.P.
Bea
Citrusdal
We
Paternoster
Vredenburg
Tulbagh
Western
Cape
Cango
Caves
Saldanha
Langebaan
Ceres
Touwsriver
Oudtshoorn
7
West Coast N.P.
Worcester
Matjiesfontein
Kleine Karoo
Av
Ge
Malmesbury
Wellington
Robertson
Riversdale
2
Robben Island
Paarl
6
1 2 3 4
3 4
Stellenbosch
Swellendam
Mossel
Bay
Kapstadt
5
Somerset West
Caledon
Kap-Halbinsel
Bredasdorp
Cape of Good Hope
Hermanus
1
Cape Agulhas
N
0   200 km
Kapstadt und Umgebung S. 50

4

Top 12 Highlights

1 Kap-Halbinsel › S. 51

2 Robben Island › S. 63

3 Tafelberg › S. 64

4 Kirstenbosch Botanical Gardens › S. 65

5 Stellenbosch-Weinstraße › S. 69

6 Garden Route › S. 84

7 Cango Caves › S. 90

8 Drakensberge › S. 106

9 iSimangaliso Wetland Park › S. 115

10 Blyde River Canyon › S. 126

11 Krüger-Nationalpark › S. 127

12 Kgalagadi Transfrontier Park › S. 145

1 **Touren-Start**

Perfekte Planung
Parallel Klappe vorne links aufschlagen

Der Norden S. 117

ZIMBABWE

Central Kalahari Game Reserve

Serowe · Palapye

Mahalapye

Mapungubwe N.P. · Messina/ Musina · Thohoyandou · Punda Maria

Limpopo Transfrontier Park

Molepolole · Gaborone · Thabazimbi

Thamaga · Mosopo

Kanye

Northern/Limpopo Province

Pietersburg/ Polokwane

Ellisras

Potgietersrus/ Mokopane

Louis Trichardt/ Makhado

Tzaneen

Phalaborwa Letaba

Olifants

Krüger National

11

MOÇAMBIQUE

Sun City

Warmbaths/ Bela Bela

Nylstroom/ Modimolle

Hoedspruit

Satara

Skukuza

10

Mmabatho · Lichtenburg

7 8 13 14 16

10 11 12 17

Lydenburg/ Mashishing

Pretoria/ Tshwane · eMakhanzeni

Sabie

Nelspruit/ Mbombela

Maputo

Johannesburg · Soweto

Potchefstroom · Klerksdorp

Vereeniging

Heidelberg

Witbank/ eMalahleni

Middelburg

Carolina

Mbabane

Manzini

SWASILAND

North West

Vryburg

Bloemhof

Warrenton

Kroonstad

Bethal

Mpumalanga

Ermelo

Villiers

Standerton

Piet Retief

Volksrust

Free State

Kimberley

Welkom

Bethlehem

Ficksburg · Clarens

Bloemfontein/ Mangaung

Maseru

LESOTHO

Mafeteng

Newcastle

Vryheid

Harrismith

Ladysmith

KwaZulu-Natal

Dundee/ Endumeni

Hluhluwe (iMfolozi) N.P.

9 iSimangaliso Wetland Park

St. Lucia

Richard's Bay

Empangeni

Greytown

8

Howick

Stanger/Dukuza

Tongaat

Pietermaritzburg/ Msunduzi

9 Durban/eThekwini

Isipingo

DRAKENSBERGE

Kokstad

Umzinto

Port Shepstone/ Umtentweni

Bethulie

Aliwal North

Umzimkulu

Port Edward

De Aar · Colesberg

Middelburg

Eastern Cape

Queenstown

Umtata

Port St. John's

Der Osten S. 94

Coffee Bay

Graaff-Reinet

Cradock

Mountain Zebra N.P.

Somerset East

Fort Beaufort

Bisho

East London/ Buffalo City

KOUGABERGE

Grahamstown

King William's Town

Mdantsane

Uitenhage

Port Alfred

INDISCHER OZEAN

Port Elizabeth/ Nelson Mandela Bay

5 6 15

Der Süden S. 79

5

Mit dem Jeep kommt man
am besten durchs Land

TYPISCH

Südafrika ist eine Reise wert!

Das südlichste Land Afrikas bietet ein Kaleidoskop an Landschaften, das seinesgleichen sucht: himmelhohe Berge im Nordosten, liebliche Hügel im Land der Zulu, bleigraues Wasser am Atlantik, heitere Buchten am Indischen Ozean, endlose Wüsten und dichte Wälder, dazu eine lebendige Kultur und ein riesiges Angebot an kulinarischen Genüssen …

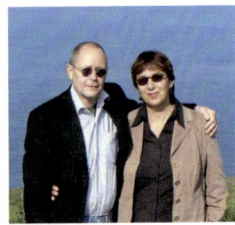

Daniela Schetar und **Friedrich Köthe,** Autoren, kennen Südafrika seit vielen Jahren. Die studierte Ethnologin und der Soziologe lieben die Vielfältigkeit des Landes und verfolgen die Aufbruchstimmung in einer Nation, die nach Jahrzehnten der Apartheid einen neuen Weg in die Zukunft beschreitet, in der jedes der Völker seinen Platz findet. Auch von der Tierwelt sind sie immer wieder fasziniert.

Nachtflug! Mehr oder weniger ausgeruht kommen wir an! Kapstadt! Stahlblauer Himmel, die berühmte weiße Wolkendecke auf dem Tafelberg, farbenfrohe Häuser an endlos langen Straßen, Menschen aus aller Welt, Cafés, Gärten, Straßenmusikanten: Diesem Bild haben wir – wie so oft – entgegengefiebert. So wird der Koffer schnell im Hotel abgestellt und wir lassen uns gleich vom Strudel der Großstadt treiben.

Zwei, drei Tage sind das Minimum, das wir für die Stadt am Kap

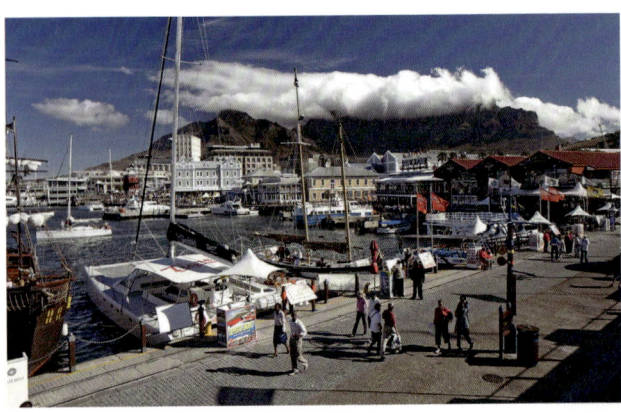

Blick von der Waterfront in Kapstadt auf den Tafelberg

Manchmal sind die Halbstarken ganz schön unartig!

Reservat, ist allein schon eine Reise wert. Dickhäuter en gros leben im Addo Elephant Park, ihnen – bequem am Wasserloch auf einer Bank sitzend – beim Baden zuzusehen, begeistert auch uns immer wieder aufs Neue. Eine Wanderung im Valley of Desolation bei Graaff-Reinet muss ebenso sein. Wenn die Felsformationen in der Morgen- und Abendsonne rot erglühen, sind wir mit uns und der Welt zufrieden. Im August lockt die bunte Blütenpracht des Nordwestens, bis weit an den Horizont bedecken die Blumenteppiche das Namaqualand bei Clanwilliam. Im Südwinter (Juni, Juli) flüchten wir zu den Parks im Nordosten bei St. Lucia. Hier ist es dann immer noch angenehm warm, Sonne garantiert. Elefanten, Haie und Krokodile in den Sümpfen, am Meer und an den Seen sind unsere Hauptprotagonisten.

Wenn wir dann genug gesehen haben von der Tierwelt, die Big Five

zur Einstimmung regelmäßig vorsehen. Hier hatte vor über 350 Jahren für die europäischen Siedler alles begonnen, hier haben die Holländer ihre erste Kolonie gegründet, von hier haben sich die Buren auf ihre Reise ins Landesinnere aufgemacht, nach Norden zum Oranje und nach Osten die Küste entlang. Auch wir brechen auf, am liebsten mit dem Mietwagen. Und sind selten alleine in diesem riesigen Land! Die Südafrikaner sind ein ausgesprochen reisefreudiges Volk. Sie lieben es, sich in vollgeladenen Autos aufzumachen und Wochenende und Freizeit in der Natur zu verbringen. Das Angebot ist wirklich riesig. In zahllosen, über das ganze Land verteilten Schutzgebieten wurde die wilde und ursprüngliche, in ihrer Vielfalt einzigartige Landschaft konserviert. Südafrika war und ist Weltmeister des Naturschutzes. Der Kruger National Park, das größte und bekannteste

Blauer Himmel, weiße Häuser, bunte Gärten: Herrlich!

Zur rechten Zeit am rechten Ort: Blüte im Namaqualand!

ausgesprochen eindrucksvoll ist die anschließende Fahrt durch den Gebirgsriegel in die Kleine Karoo und weiter zur Großen Karoo mit ihren von der Zeit vergessenen Städtchen.

Und was wäre eine Südafrikareise ohne den Besuch der Cape Wine Lands? Die Weingüter in Franschhoek, Paarl und Stellenbosch stehen für die ausgezeichnetsten Tropfen der Welt und für eine kulinarische Erlebnisreise durch die besten Restaurants. Es ist eine

Löwe, Elefant, Nashorn, Leopard und Büffel mit Giraffe, Zebra, Gepard und Flusspferd zu den Big Nine komplettiert haben, ist es Zeit für den zehnten Kandidaten – das größte Säugetier überhaupt. Dann steht Walbeobachtung an der Garden Route auf dem Programm, kombiniert mit Austernschlürfen und Fischessen satt, vielleicht auch mit einer Küstenwanderung bei Plettenberg Bay. Landschaftlich

gesegnete Region, sanfte hügelige Landschaften, Wiesen, Plantagen mit Zitrusfrüchten und natürlich endlose Rebenpflanzungen, in deren Mitte die kapholländischen Gutshöfe weiß in der Sonne strahlen. Und egal wo, überall spüren wir die Warmherzigkeit und die Lebensfreude der südafrikanischen Bevölkerung.

Unsere Reise nähert sich dem Ende. Abflug ist diesmal in Johannesburg. Auf dem Weg dorthin machen wir noch an den Drakensbergen halt. Landschaftlich überaus aufregend finden wir das Gebirge beim Champagne Castle, den Cathedral Peaks oder im Golden Gate Highlands National Park – für uns eine Wander- und Bergsteigerdestination *par excellence*.

Vier Wochen sind vorbei. Wir haben unendlich viel gesehen und haben fast nichts gesehen. Zehn Wochen hätten aber auch nicht gereicht. Also wird die nächste Reise nach Südafrika gleich geplant! Ob uns das leid tut? Sicherlich nicht!

Hermanus ist das Zentrum für Walbeobachtungen

Reisebarometer

Was macht Südafrika so besonders? Ist es die wunderschöne, abwechslungsreiche Natur, die besondere Architektur oder sind es die vielen verschiedenen Kulturen? Wir zeigen die Schokoladenseiten von Südafrika.

10× richtig gut

Landschaftsvielfalt
Grüne Hügel, schroffe Felsen, tiefe Wälder, lichte Küsten

Kultur/Museen/Besichtigungen
Traditionen und Geschichten einer Regenbogennation

Kulinarisches Erlebnis
Alles geboten, sei es ein edles Dinner im Weinland oder Veldkost am Lagerfeuer

Spaß für Kinder
Tiere zum Abwinken: vom Affen bis zum Zebra

Shoppingangebote
Riesige Shoppingmall oder lieber lokaler Markt

Abenteuer/Entdeckungen
Ungezähmte Tiere und wilde Natur

Sportliche Aktivitäten
Am Seil in die Tiefe, auf dem Brett durch die Wellen, mit dem Pferd durch den Busch

Strandurlaub
Einsame Buchten oder Sommerstrand mit Party

Wandermöglichkeiten
Alleine im Hochgebirge oder mit Führer im Wildpark

Preis-/Leistungsverhältnis
Für jedes Budget ist etwas im Angebot.

● = gut   ●●●●●● = übertrifft alle Erwartungen

50 Dinge, die Sie ...

Hier wird entdeckt, probiert, gestaunt, Urlaubserinnerungen werden gesammelt und Fettnäpfe clever umgangen. Diese Tipps machen Lust auf mehr und lassen Sie die ganz typischen Seiten erleben. Viel Spaß dabei!

... erleben sollten

(1) Radtour in der Township Mit dem Fahrrad entdeckt man die Township hautnah und fährt unter informativer Führung zu den Sehenswürdigkeiten Sowetos, am besten einen ganzen Tag lang mit dem Besuch eines Shebeens, einer lokalen Kneipe › S. 104. Von individuellen Touren ist abzuraten (www.sowetobicycletours.com).

(2) Der tiefste Sturz Beim Tsitsikamma National Park wartet der höchste Bungee Jump der Welt von der 216 m hohen Bloukrans-Brücke › S. 84. Man muss ja nicht gleich den Ein-Stunden-Rekord brechen (19 Sprünge), Thabo Mebki, der frühere Präsident, hat es auch bei einem einzigen Jump belassen (www.faceadrenalin.com).

(3) Schluchtenfahrt Eine spektakuläre Autostrecke verbindet die Kleine mit der Großen Karoo zwischen De Rust und Klaarstrom › S. 91. Sie führt über 20 km durch die von bizarren Sandsteinmassen flankierte Schlucht von Meiringspoort (ca. 30 Min.) und ist eine Alternative zur westlich verlaufenden Straße von Oudtshoorn über den Swartberg Pass nach Prince Albert.

(4) Weiß und bissig Gansbaai bei Hermanus › S. 73 bietet die ultimative Adrenalinerfahrung: Aug in Aug mit einem Weißen Hai! In einem Käfig taucht man vor Duyker Island ins Wasser ab. Weniger Mutige fotografieren die Haie vom Boot aus (www.sharkcagediving.co.za).

(5) Regenbogen-Restaurant Bei Mzoli's Place [C8] in der Township Gugulethu/Kapstadt herrscht immer Superstimmung. Man kauft ein Lammkotelett, der Grillmeister legt es auf den Rost und dann genießt man es an den Tischen; Messer und Gabel bringt man selbst mit – wenn man sie denn benötigt (Ny 115, Gugulethu, Tel. 021/638 1355).

(6) Wilde Wanderung Unter fachkundiger Leitung wandert man im Krüger-Nationalpark durch die Wildnis › S. 127. Vielleicht begegnet man auf einer eintägigen Tour vom Restcamp Berg-en-Dal im Süden des Parks den Big Five. Auf keine andere Weise erlebt man jedenfalls die Tierwelt derart intensiv.

(7) Fun in den Dünen 320 m geht es auf der Flanke der Drachendüne mit dem Sandboard hinunter › S. 89. Ob Profi oder absoluter Anfänger: Jeder kann und braucht nicht mal

Spektakulär ist die Strecke von Outshoorn über den Swartberg Pass nach Prince Albert

die Ausrüstung mitbringen (Surf Factory, Fields Street, Mossel Bay, Anmeldung Tel. 082/971 1405).

⑧ **Konzert im Grünen** Im Südsommer (November–April) werden in den Kirstenbosch Botanical Gardens die Sunset Concerts gegeben › **S. 65**. Das Programm reicht vom Auftritt des Philharmonischen Orchesters bis zum Act von Größen wie Johnny Clegg. Wie die Kapstädter zieht man dann mit dem Picknickkorb hinaus und lagert auf den Hängen vor der Bühne.

⑨ **Kunst am Ostkap** Alles, was auf dem afrikanischen Kontinent in der Kunst Rang und Namen hat, kommt im Juli zum National Arts Festival nach Grahamstown › **S. 44**. Tanz, Theater und Oper, Musik von Klassik bis Jazz, Film und Literatur locken jedes Jahr bis zu 200 000 Besucher an – einzigartig!

⑩ **Erlebnis Hochgebirge** Der Blick vom Sani Pass (2873 m) auf die sich halsbrecherisch am steilen Hang hinunterwindende Piste ist ein besonderes Erlebnis, vor allem, wenn man selbst mit dem Allradfahrzeug heraufgefahren ist › **S. 108**. Sonst genießt man einfach die grandiose Landschaft.

… kosten sollten

⑪ **Fast Food** Bunny Chow, ein ausgehöhltes, mit Curry gefülltes Brötchen, schmeckt am leckersten an einem Straßenstand in Durban Downtown › **S. 110**.

⑫ **Austern im Winter** Im Juli feiert Knysna das Austernfestival › **S. 87**. Jedes Lokal hat die Muschel dann auf der Speisekarte.

⑬ **Grillen ohne Ende** Grillen – Braai – ist der Volkssport der Südafrikaner. Auf den Rost kommen alle Fleischsorten, besonders beliebt ist die schneckenförmige Bratwurst (Boerewoers). Die Läden der meisten Rastlager in den Parks halten die Zutaten bereit.

Nilpferde halten sich gern im Wasser auf

14 Windhoek Lager Das leichte Windhoek Lager aus Namibia zählt inzwischen auch in Südafrika zu den beliebtesten Bieren. Am besten mundet es am Lagerfeuer, kaufen kann man es in Bottle Stores.

15 Fischcurry am Strand Für Currygerichte ist Südafrika weithin berühmt. Unvergleichlich gut schmeckt Atlantikfisch als Curry im Restaurant Strandloper in Langebaan › **S. 78.**

16 Weißer Wein Auf dem Weingut M'hudi [C8] keltert Familie Rangaka u. a. Sauvignon Blanc und Chenin Blanc – und gewann dafür bereits diverse Auszeichnungen. (Old Paarl Road, Stellenbosch, Tel. 738 33 2815, www.mhudi.com).

17 Total gesund Wo sonst sollte man ein Steak vom Strauß essen wenn nicht in Oudtshoorn, dem Zentrum der Straußenzucht? Das Fleisch ist nicht nur sehr fettarm, sondern auch zart und saftig. Köst-lich mundet es in den gemütlichen Räumen und auf der Terrasse des Restaurants Jemima's › **S. 90.**

18 Zart und köstlich Reptilienfleisch mag nicht jedermanns Geschmack sein, doch Krokodil ist zart und feinfaserig, fast wie Geflügel. Im Geschmack ähnelt es einer Mischung aus Huhn und Kalb. Probieren kann man es im Carnivore in Johannesburg › **S. 102.**

19 Burenkost Im Dassiesfontein [C8] nördlich von Hermanus wird authentische Boerekos wie Bobotie (Auflauf mit Lammhackfleisch) in riesigen Portionen serviert – in der urig-gemütlichen Atmosphäre eines Farmladens, der alles verkauft, was nicht niet- und nagelfest ist (an der N 2 zwischen Caledon und Botrivier, www.dassies.co.za).

20 Millipap und Lammfüße »Spezialitäten« aus der Bauernküche, z. B. Tripe and Trotters (Kaldaunen und Füße vom Lamm) oder Waterblommetjie Bredie (Lammnacken mit Kap-Kresse), sind in Pretoria angesagt (Greenlyn Village [H3], 13th Street, Menlo Park, www.bistrotboergeoisie.co.za).

21 Hühnchen mit Schokolade Südafrikanische Gerichte werden im Reader's Restaurant [C7] in Tulbagh auf ganz besondere Art und Weise interpretiert. Die Hühnchenbrust z. B. ist mit Schokolade gefüllt, der Lammstrudel kommt mit Tomatenchutney (http://readersrestaurant.co.za).

… bestaunen sollten

(22) Zauber oder Medizin Auf dem Zulu Muthi Market in Durbans Warwick Triangle erhält man alles, was den Körper gesunden lässt (wenn man dran glaubt) › S. 110. Fotografieren ist verboten, sonst verlieren die Heilmittel ihre Zauberkraft.

(23) Viktorianisches Ensemble Mitten in der Großen Karoo ist Matjesfontein, 1884 gegründet, eines der stimmigsten, wenn auch kleinsten Ensembles viktorianischer Architektur. Ein herrliches Beispiel ist die Royal Lounge im Lord Milner Hotel › S. 151.

(24) Südlicher geht nicht Cape Agulhas ist der südlichste Punkt Afrikas › S. 74. Im gleichnamigen Nationalpark begeistert die einzigartige Fynbosvegetation.

(25) Imperialismus Das Denkmal von Cecil John Rhodes in den Company's Gardens in Kapstadt versinnbildlicht wie kein anderes seine kolonialistischen Bestrebungen › S. 58. Mit dem linken Arm weist er nach Norden in Richtung seiner Landnahme und der Diamantenfunde: »Dort sollt ihr hin«.

(26) Vermächtnis der Holländer Das Herrenhaus Groot Constantia › S. 65 zeigt kapholländische Architektur vom feinsten mit geschwungenen Schaugiebeln und tief herabgezogenen Strohdächern.

(27) Wo Haie Krokodile grüßen Im iSimangaliso Wetland Park teilen sich Haie, Nilpferde und Krokodile ein Habitat › S. 115. Am ehesten kann man sie frühmorgens bei Sonnenaufgang beobachten.

(28) Gottlose Polizei Auf einer Führung durch die Township Soweto werden die Schrecken der Apartheidära sichtbar. Die Einschusslöcher in der Regina Mundi-Kirche › S. 104 erinnern an die Ereignisse von 1976, als die Polizei im Gotteshaus das Feuer auf die dorthin geflüchteten Demonstranten eröffnete.

(29) Weiße Geschichte Am 16. Dezember sollte man im Vortrekker Monument bei Pretoria sein › S. 123. Um 12 Uhr mittags beleuchtet die Sonne dann durch eine kleine Öffnung die Inschrift auf der symbolischen Grabstelle: »Ons vir jou, Suid-Afrika« – »Wir für Dich, Südafrika«.

(30) Pracht aus Backsteinen In Pietermaritzburg steht mit dem 1893 errichteten Rathaus und seinem 47 m hohen Turm der größte Ziegelbau der südlichen Hemisphäre › S. 109. Weitere Backsteinvillen prägen das Stadtbild.

(31) Köpfe aus Keramik Im Museum von Lydenburg/Mashishing › S. 124 erinnern die Lydenburg-Köpfe (um 500 n. Chr.) aus Terrakotta daran, dass schon lange vor dem Anlanden der Europäer im südlichen Afrika Hochkulturen existierten.

... mit nach Hause bringen sollten

(32) Kräuter und Musik Der Kwa-Zulu Muti Shop › S. 101 in Johannesburgs Diagonal Street verkauft nicht nur Heilkräuter, sondern auch Trommeln in jeder Größe.

(33) Kunstvolle Keramik Designer, Kunsthandwerker, Fotografen, aber auch Delikatessenläden und Restaurants sind in der Old Biscuit Mill [C8] in Woodstock/Kapstadt versammelt. Besonders schöne Keramikarbeiten mit afrikanischen Mustern fertigt Clementina van der Walt (www.theoldbiscuitmill.co.za).

(34) Fleischige Chips Für Biltong, luftgetrocknetes Rind- und Wildfleisch, hat jede Familie ihr Geheimrezept. In Streifen geschnitten muss man darauf recht beißen, angenehmer ist es in Form von Chips. Man erhält es in Supermärkten und Metzgereien – und in Portionsbeuteln an Tankstellen.

(35) Hippos aus Holz Holzarbeiten findet man auf den Märkten im ganzen Land und am Straßenrand der Überlandverbindungen. Gut ins Reisegepäck passen die kleinen Tierfiguren, z. B. die Big Five.

(36) Allzweckgerät Der gusseiserne Potje mit seinen drei Beinen ist nicht nur für Eintöpfe auf offenem Feuer gut; wer mit ihm umzugehen weiß, bäckt darin Brot und Pizza. Man erhält ihn in Supermärkten und Farmläden.

(37) Musik ohne Ende Im The African Music Store [b5] erhält man den Überblick! Kwela z. B. entstand in den 1950er-Jahren in den Townships. Typisches Instrument ist die Pennywistle (134 Long Street, Kapstadt, www.facebook.com/TheAfricanMusicStore).

(38) Neues aus Altem Am Greenmarket Square › S. 60 in Kapstadts Zentrum gibt es u. a. allerlei Kunstvolles aus Dosen, Kronenkorken, Draht, Plastikteilen und anderen Dingen, die normalerweise im Mülleimer landen.

(39) Perlen für die Lieben Die Ndebele sind nicht nur für ihre farbenfrohen geometrischen Malereien an ihren Häusern bekannt, sie stellen ebenso bunten Schmuck aus Perlen her. Im Ndebele Cultural Village [G3] von Mapoch 40 km westlich von Pretoria wird man fündig (www.ndebelevillage.co.za).

(40) Lederwaren Taschen und Jacken aus Leder sind in Südafrika wesentlich billiger als in Europa, die Einfuhr ist unproblematisch. Groß ist die Auswahl an Produkten aus Straußenleder vor allem in Oudtshoorn › S. 90.

(41) Sanfte Pflanze Aloe Cosmetics [D8] stellt Kosmetikprodukte auf Basis der Kap-Aloe (Aloe ferox) her – besonders gut geeignet gegen Hautalterung und Sonnenbrand (7 Heidelberg Road, Riversdale, zwischen Mossel Bay und Swellendam, Tel. 082/461 9071).

Der farbenfrohe Perlenschmuck der Ndebele wird meist von Frauen gefertigt

… bleiben lassen sollten

42 Missweisung Auf sein GPS-Gerät sollte man nicht zu sehr vertrauen. Es weist zwar den direkten Weg, führt dieser aber durch eine Township, sollte man von der Route absehen und sich besser an der Straßenkarte orientieren.

43 Artenschutz missachten Auch wenn im südlichen Afrika ab und an Kontingente von Elfenbein für den Handel freigegeben werden – nach Europa darf man es nicht einführen, ebenso wenig wie Nashorn!

44 Elefanten verführen Zitrusfrüchte sind ein Leibgericht der Dickhäuter und sie können richtig wild werden, um an sie zu gelangen. Deshalb keine Zitronen, Orangen etc. in die Wildnis mitnehmen.

45 Regelübertritt In den Schutzgebieten mit gefährlichen Wildtieren darf man außerhalb der ausgewiesenen Zonen sein Fahrzeug nicht verlassen; man sollte sich auch keinesfalls aus dem Fenster lehnen.

46 Fotos mit Geotagging Da Wilderer Fotos in sozialen Netzwerken auswerten und so den Standort von Wild feststellen, sollte man keinesfalls die GPS-Funktion der Kamera einschalten.

47 Setzen – Sechs! Betritt man ein Lokal, heißt es warten, bis man an den Tisch geführt wird.

48 Fahrhektik Auch wenn Kleinbustaxis wegen eines potenziellen Fahrgastes gern einmal mehrere Fahrspuren queren: hupen und Gebärdensprache bringen da nichts.

49 Kein Trinkgeld Selbst wenn der Service im Restaurant unzureichend ist, darf man auf das Trinkgeld nicht verzichten – es ist fester Bestandteil des Arbeitslohnes.

50 Rauchzeichen In öffentlichen Gebäuden und auf Plätzen darf nicht geraucht werden.

Was steckt dahinter?

Die kleinen Geheimnisse sind oftmals die spannendsten. Wir erzählen die Geschichten hinter den Kulissen und lüften für Sie den Vorhang.

Warum ist Rooibostee gesund?

Die Engländer haben die feine Teekultur nach Südafrika gebracht. Doch der Lieblingstee der Südafrikaner ist nicht Darjeeling, Ceylon oder Assam, es ist der Aufguss der Blätter des heimischen Rotbusches – Rooibos. Er wurde bereits von den San als Getränk geschätzt und gilt als ausgesprochen bekömmlich. Der Sud enthält viele Mineralien, Phenolsäuren und vor allem Vitamin C – allerdings kein Koffein, weshalb er auch für Kinder geeignet ist. Er wird auch gern als Heilmittel bei Hautproblemen, Eisenmangel, Nierensteinproblemen (keine Oxalsäure!) wie auch Bluthochdruck verwendet.

Warum steht die Noon Gun auf Kapstadts Signal Hill?

Seit 1806 wird die Kanone um 12 Uhr mittags abgefeuert. Gern stellen die Kapstädter dann ihre Uhren. Eigentlich diente der Schuss aber zur Einstellung der Schiffschronometer. Mit dessen Zeit und der Messung des jeweiligen Sonnenhöchststandes ließen sich auf der Reise die Distanz nach Kapstadt und damit der aktuelle Längengrad berechnen. Bei der Kalibrierung achteten die Seeleute übrigens nicht auf den nur verzögert zu hörenden Knall, sondern auf den sofort sichtbaren Rauch.

Industrie- oder Schmuckdiamant?

Weit über 10 000 Kriterien benutzen die großen Firmen, um Rohdiamanten in Kategorien einzuteilen. Neben Farbe, Form und Größe gibt es noch eine Menge weiterer Unterscheidungsmerkmale wie Reinheit, Ein- und Umschlüsse oder Spaltbarkeit – eine Wissenschaft für sich. Am Ende landen nur 20 % der Funde schließlich beim Juwelier.

Warum gelten Tempolimits nicht für alle?

Zwischen Springbok und Upington testen die großen Autohersteller Europas und Asiens regelmäßig ihre Erlkönige bei Hochgeschwindigkeitsfahrten. Schilder an den Fahrzeugen machen klar, dass für sie die Geschwindigkeitsbeschränkungen nicht gelten. Also nicht erschrecken, wenn eine Limousine mit 250 km/h auf der Straße brettert!

Warum waren die Zulu so erfolgreiche Krieger?

Die Zulu griffen in strenger Formation an, außerdem entwickelten sie den kurzen, im Nahkampf überaus effektiven Stoßspeer Iklwa. Zulukrieger waren zudem taktisch ausgebildet, konnten 80 km am Tag laufen und besaßen wegen ihres hohen gesellschaftlichen Ansehens eine extrem große Motivation.

Beliebtes Fotomotiv:
die bunten Umkleidehäuschen
am Strand von St. James

REISE-PLANUNG & ADRESSEN

Die Reiseregion im Überblick

Südafrika – das Land am Kap der Guten Hoffnung – fasziniert und begeistert mit einzigartigen Naturschönheiten wie auch mit kultureller Vielfalt.

Garantierter Besuchermagnet im Südwesten ist **Kapstadt** samt seiner Umgebung und der Weinregion. Hier faszinieren herrliche Buchten vor traumhaften Felskulissen, Naturreservate mit einer einmaligen Flora oder bizarren Bergformationen sowie alte Weingüter im typisch kapholländischen Stil. Hermanus ist das Zentrum für die Walbeobachtung.

Als nicht zuletzt auch touristisch sehr gut erschlossenes Gebiet präsentiert sich der fruchtbare **Süden**. Die berühmte Garden Route von Mossel Bay bis Port Elizabeth wartet mit langen Sandstränden, üppiger Vegetation, felsigen Küsten und tiefen Schluchten auf. Im Hinterland locken spektakuläre Berge und eindrucksvolle Pässe sowie die Kleine Karoo mit ihrer unendlichen Weite. Oudtshoorn mit den Straußenzuchten und die einzigartigen Cango Caves lässt kaum ein Besucher aus.

Unterschiedlichste Natur- und Kulturerlebnisse bietet die Region im **Osten** Südafrikas. Bester Ausgangspunkt ist die Goldstadt Johannesburg. Südlich der hohen Berge des Königreichs Swaziland erstreckt sich die Provinz KwaZulu-Natal, Heimat der Zulu, mit einigen der schönsten Wildparks, dschungelähnlicher Tropenlandschaft im iSimangaliso Wetland Park und der phantastischen Bergwelt der uKhahlamba-Drakensberge, die zu Wanderungen einladen. Die «Battlefields» erzählen einen Großteil der südafrikanischen Geschichte. Viele gute Bademöglichkeiten findet man nördlich und südlich der Hafenstadt **Durban**. Die Felsküste der ehemaligen Transkei, die Heimat der Xhosa, ist auf wenigen Stichstraßen aus dem hügeligen Hinterland um Umtata zu erreichen.

Daran gedacht?

Einfach abhaken und entspannt abreisen

- ☐ **Impfungen** (siehe Infos von A–Z)
- ☐ **Reisepass / Kinderausweis**
- ☐ **Flug- / Bahntickets**
- ☐ **Führerschein** (Leihwagen)
- ☐ **Babysitter für Pflanzen und Tiere organisiert**
- ☐ **Zeitungsabo umleiten / abbestellen**
- ☐ **Postvertretung organisiert**
- ☐ **Hauptwasserhahn abdrehen**
- ☐ **Fenster zumachen**
- ☐ **Nicht den AB besprechen »Wir sind für zwei Wochen nicht da«**
- ☐ **Kreditkarte einstecken**
- ☐ **Medikamente einpacken**
- ☐ **Ladegeräte**
- ☐ **Adapter einstecken**

Nur wenige Stunden von Pretoria/Tshwane im **Norden** Südafrikas entfernt liegen zwei der beliebtesten Urlaubsregionen des Landes: die Kleinen Drakensberge mit der Panoramaroute und der Krüger-Nationalpark. Hier wechseln sich imposante Bergformationen des Hochlandes mit Baum-Buschsavanne des Lowvelds ab, das bis zum Limpopo hin bis auf 400 m abfällt. Hier wohnt das Volk der VhaVenda, das durch seine traditionelle Le-

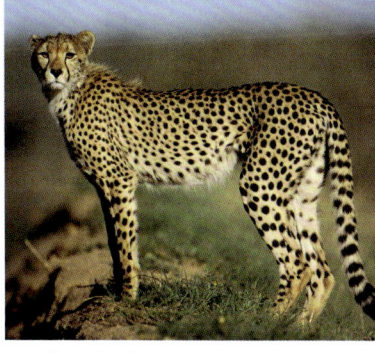

Geparden sind stolze Jäger

bensweise geprägt ist. An der Grenze zu Zimbabwe zählt der Mapungubwe National Park mit seinen bedeutenden Ausgrabungen zu den jüngsten Reservaten des Landes. Nordwestlich von Pretoria reizt die ursprüngliche Waterberg-Region zu Touren mit Pferd oder zu Fuß. Von der Hauptstadt bietet sich auch ein Abstecher in den tierreichen Pilanesberg National Park und zur Kasino-Stadt Sun City an.

Die **zentrale Hochebene,** eine aus Steppe und Halbwüste bestehende Landschaft in einer Höhe von 1000–1800 m, bedeckt die größte Fläche des Landes. Kimberley und Johannesburg entstanden in dieser kargen Gegend nur wegen ihrer Diamanten- bzw. Goldvorkommen. Von Kimberley bietet sich eine Tour über Upington zu den Augrabies Falls an und weiter in den wildreichen Kgalagadi Transfrontier Park in der **Kalahari-Wüste**.

Klima & Reisezeit

Zwei Meeresströmungen beeinflussen das Klima in Südafrika stark: Der kalte Benguela-Strom aus der Antarktis kühlt die Westküste am Atlantik kräftig ab.

Der Indische Ozean wird durch den **Agulhas-Strom** erwärmt; die feuchte Luft sorgt ab Durban für subtropisches Klima. Die meisten Niederschläge fallen hier im Sommer (Dezember/Januar). Am Kap treffen sich die beiden Ozeane und sorgen für mediterranes Klima mit höheren Niederschlägen im Winter (Juli/August). 65 % der Landesfläche Südafrikas erhalten weniger als 500 mm Regen im Jahresdurchschnitt.

Südafrika hat das ganze Jahr über Saison. Im südafrikanischen Winter regnet es öfter am Kap, während sich das Highveld eines strahlend blauen Himmels erfreut. Diese Jahreszeit eignet sich wegen der lichten, trockenen

Johannesburg

Kapstadt

■ Tageshöchsttemperaturen
■ Nächtliche Tiefsttemperaturen
— Niederschlag
☀ Sonnenmonate
☂ Niederschlagsmonate

Vegetation auch besonders gut zum Besuch von Nationalparks, die fern der Küste liegen, zum Beispiel des Kgalagadi- und des Krüger-Parks. Ideal dafür sind auch die Übergangszeiten Herbst (April bis Mai) und Frühling (September bis Oktober).

Für Urlaub während der Schulferien (Sommerferien Anfang Dez. bis Mitte Jan., Osterferien März/April, Winterferien Juni/Juli, Frühlingsferien Sept./Okt.) sollte man Unterkünfte unbedingt vorab reservieren, im Krüger-Park mindestens ein halbes Jahr vorher.

Im südafrikanischen Sommer steigen die Temperaturen im Tiefland auf über 35 °C im Schatten; an der Küste Natals ist es dann recht schwül. Wegen des warmen Agulhas-Stroms im Indischen Ozean haben die Badeorte bei Durban auch im Winter Saison.

Weil Südafrika auf der Südhalbkugel liegt, sind die Jahreszeiten spiegelverkehrt zu denen in Europa. Im Juli und August fällt in den Drakensbergen manchmal Schnee; die Temperaturen sinken dann nachts im Hochland bis auf –10 °C, steigen aber tagsüber auch im Winter auf rund 20 °C an.

Anreise

Die Flughäfen von Johannesburg und Kapstadt werden täglich von Europa aus angeflogen.

SAA (South African Airways, www.flysaa.com) verkehrt tägl. u. a. ab Frankfurt/M., München, Zürich nonstop nach Johannesburg, ab London tägl. nach Kapstadt (Flugdauer etwa 10 Std.). Lufthansa (www.lufthansa.de) verbindet Frankfurt/M. tägl. nonstop mit Johannesburg bzw. Kapstadt. Condor fliegt einmal die Woche von Frankfurt/M. nach Kapstadt und über die Seychellen nach Johannesburg. British Airways fliegt von London und KLM via Amsterdam nach Johannesburg und Kapstadt, Etihad via Abu Dhabi, Emirates via Dubai und Qatar via Doha nach Johannesburg.

Reisen im Land

Mit dem Mietwagen

Fahrer unter 23 Jahren müssen eine extra Gebühr bezahlen. Zusätzlich zum internationalen Führerschein sollte man die Mitgliedskarte seines Automobilklubs mitbringen; der angeschlossene südafrikanische AA berät und leistet Pannenhilfe (Tel. 083/843 22, www.aa.co.za). Oft ist es günstiger, schon vor der Abreise einen Mietwagen zu buchen – am besten mit unbegrenzter Kilometerzahl (ab 150 € pro Woche in der kleinsten Kategorie). Eine Kreditkarte erspart die Hinterlegung einer Kaution. Die Vergleichsplattform www.billiger-mietwagen.de erleichtert die Auswahl eines Autovermieters. Wohnmobile vermietet u. a. Maui, Tel. 011/230 5200, www.maui.co.za.

Die Straßen sind meist in gutem Zustand, die wichtigsten Strecken sind asphaltiert. An den Linksverkehr gewöhnt man sich schnell. Die Höchstgeschwindigkeit beträgt in Ortschaften 60–80 km/h, auf Landstraßen 100 km/h, auf Schnellstraßen und Autobahnen 120 km/h (z. T. Gebühr), in Naturparks 20–50 km/h. Vermeiden Sie Nachtfahrten! An Tankstellen (meist 24 Std. geöffnet) kann nicht immer mit Kreditkarte bezahlt werden.

Mit dem Flugzeug

Etwa 20 Flughäfen in Südafrika werden täglich angeflogen. Neben SAA (www.flysaa.com), SA-Airlink (www.saairlink.co.za) und SA-Express (www.flyexpress.aero) verkehren private Airlines. Wochenendflüge und Flüge nach Mitternacht sind meist preiswerter. Eine Vorausbuchung ist empfehlenswert.

O. R. Tambo Int. Airport [H3]
Inlandsflüge Terminal B, internationale Flüge Terminal A. Minibusse und Taxis in die City.
• 24 km nordöstlich von Johannesburgs City | www.johannesburg-airport.com

Cape Town Int. Airport [C8]
Regelmäßige Shuttlebusse in die Stadt.
• 20 km östlich von Kapstadt
  www.capetown-airport.com

King Shaka Int. Airport [J5]
Shuttlebusse und Taxis in die Stadt.
• 35 km südlich von Durban
  www.kingshakainternational.co.za

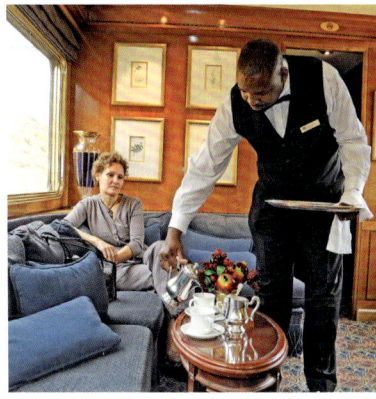

Tea Time im Blue Train, dem Luxuszug zwischen Kapstadt und Pretoria

Port Elizabeth International Airport [F8]

Taxis oder Hotelbusse in die Stadt.

• 6 km südlich von Port Elizabeth | http://www.airports.co.za/airports/port-elizabeth

Mit dem Bus

Komfortable Busse von Greyhound, Intercape und Translux verbinden, oft auch über Nacht, die wichtigsten Großstädte. In den größeren Städten kann man sich über die Computicket-Büros einen Platz reservieren (zentral unter Tel. 0861/915 8000, www.computicket.com, Link Travel, Bus Tickets). Die Tarife sind günstig. Direkt von Tür zu Tür der Hostels in ca. 40 Orten zwischen Kapstadt und Johannesburg fährt der preiswerte und beliebte BAZ-Bus, Tel. 0861/229 287, www.bazbus.com.

Mit der Eisenbahn

Die Eisenbahngesellschaft PRASA (www.shosholozameyl.co.za) verbindet alle wichtigen Städte und betreibt den Luxuszug **Blue Train** (Tel. 012/334 8459, www.bluetrain.co.za) zwischen Pretoria und Kapstadt sowie entlang der Garden Route, der schon Monate im Voraus ausgebucht ist (ab ca 1100 €/Person; Reservierung über Reisebüros). Am luxuriösesten ist der **Rovos Rail.** Der Nostalgiezug (Reservierung!) verkehrt auf den Strecken Pretoria–Kapstadt, Pretoria–Durban und nach Victoria Falls. Tel. 012/315 8242, www.rovos.com. Afrikanisches Flair und Ausflüge bietet der **Shongololo Safari Express** (Johannesburg, Krüger-N.P., Durban, Kapstadt). Infos und Buchung über deutsche Reisebüros (www.shongololo.com).

Sport & Aktivitäten

Südafrika ist ein Land von Sportbegeisterten, dementsprechend umfangreich ist das Angebot.

Golf

1882 wurde in Wynberg der erste Golfplatz eingeweiht; jetzt gibt es rund 500. In Sun City wird jedes Jahr das Million-Dollar-Tournament ausgetragen. Dort tummeln sich Krokodile am 13. Loch. Antilopen und Affen auf den Fairways trifft man im Sabi-Golf-Club beim Krüger-Nationalpark an. Andere Plätze liegen in traumhafter Landschaft: Milnerton bei Kapstadt bietet ein einmaliges Panorama, beim Wild-Coast-Platz 170 km südlich von Durban sind Dünen und Meer im Blickfeld. Infos: **South African Golf Association,** www.saga.co.za; www.suedafrika-golf.de

Wassersport

Trotz 2500 km Küste fällt die Wahl nicht schwer: Am beliebtesten zum

Schwimmen ist die Ostküste am warmen Indischen Ozean. Im subtropischen Norden von KwaZulu-Natal ist das ganze Jahr Badesaison (durchschnittl. 24 °C Wassertemperatur), an der Gartenroute und am Kap von Oktober bis April. Zwischen Port Edward und East London und um Port Elizabeth findet man einsame Strände, doch werden an Flussmündungen ab und an Haie gesichtet. Die Strände um Durban sind mit Hainetzen gesichert.

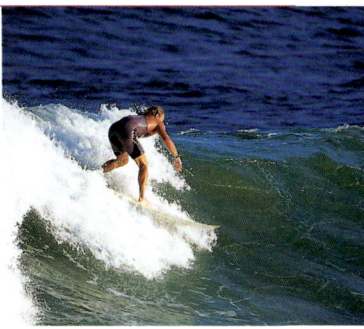

Ab Oktober ist die beste Zeit zum Surfen

Surfer, vor allem Anfänger, mögen die geschützte Algoa Bay bei Port Elizabeth und die Plettenberg Bay an der Gartenroute; Jeffrey's Bay, Nahoon Point (East London) und das Kap sind bei Profis beliebt. Beste Bedingungen herrschen von Oktober bis April; der Dezember ist für Windaussetzer bekannt (www.wavescape.co.za).

Taucher kommen vor allem im iSimangaliso Wetland Park 300 km nördlich von Durban auf ihre Kosten; in der dortigen Sodwana Bay locken Korallengärten mit Höhlen und Überhängen. Wer Glück hat, wird im Sommer von Delfinen, im Winter von Walen begleitet.

Wandern

Es gibt über 300 markierte Wanderwege, dazu zahllose Nature Trails in Naturreservaten. Die Auswahl reicht vom kurzen Spaziergang bis zum 137 km langen Outeniqua Trail an der Gartenroute. Bergwanderer zieht es in die Drakensberge. Infos: **Hiking Federation**, www.linx.co.za/trails; **Mountain Club of South Africa**, www.mcsa.org.za.

Safaris zu Fuß oder zu Pferd

Drifters Adventours [H3]
Wanderungen entlang der Wild Coast.
• Johannesburg | Tel. 011/888 1160
  www.drifters.co.za

Tsakane Walking Safaris [J3]
Wandersafaris im Krüger-Park.
• Tel. 015/793 0719
  www.transfrontiers.com

Horizon Horsebacks
Pferde-Safaris.
• www.ridinginafrica.com

Fahrrad und Motorrad

Eine der schönsten Strecken führt von Kapstadt bis Cape Point (ca. 55 km). Das sonstige Radwegenetz ist eher schlecht ausgebaut.

African Bikers [C8]
Touren mit Fahrrädern/Mountainbikes.
• Tel. 0721/91 58 29 44 (in D)
  Kapstadt | Tel. 021/488 3000
  www.africanbikers.de

South African Motorcycle Tours [C8]
• Constantia/Kapstadt
  Tel. 05231/58 02 62 (in D)
  www.sa-motorcycle-tours.com

Unterwegs mit Kindern

Wer den langen Flug mit Kindern nicht scheut, der wird mit einem abwechslungsreichen Programm und großer Kinderfreundlichkeit am Kap belohnt. Reisen mit Kleinkindern ist so normal in Südafrika, dass viele größere Hotels über Baby-Artikel und sogar einen eigenen Babysitter verfügen oder seriöse Adressen von Babysittern vermitteln. Etliche Lodges in den Nationalparks bieten sogenannte Family Cottages an. Allerdings sind in einigen privaten Unterkünften und Lodges Kinder nur ab einem bestimmten Alter erwünscht, in seltenen Fällen auch gar nicht.

Zahlreiche Restaurants führen spezielle Kindergerichte auf der Karte, haben Hochstühle und gehen über Geschrei gelassen hinweg. Und auch in Südafrika müssen die Kleinen nicht auf Spielplätze und Erlebnisparks (z. B. Grand West Casino und Entertainment World, Kap-stadt, www.suninternational.com) verzichten. Hinzu kommen Aquarien (Two Oceans Aquarium, Kap-stadt, Waterfront › S. 62 und Oceanarium, Snake Park, Tropical House, Port Elizabeth › S. 83), Strände für XXL-Sandburgen und malariafreie Parks mit Löwen, Büffeln, Elefanten, Leoparden, Giraffen, Zebras, und, und, und.

Etwas ganz Besonderes für Kinder ist das Monkeyland (www.monkeyland.co.za) bei Plettenberg Bay › S. 85. In dem Schutzgebiet kann man 15 Primatenarten erleben, neun von Ihnen in dem 12 ha großen Waldgebiet besuchen.

Unterkünfte, in denen auch Kinder gern gesehen sind und die teilweise Kinderprogramme anbieten, listet z. B. www.portfoliocollection.com/accommodation/family-friendly. Das Weingut **Spier Estate** (an der R 310 bei Stellenbosch, Tel. 021/809 1100, www.spier.co.za) veranstaltet ein buntes Kinderprogramm, beliebt sind auch das Adler- und Gepardenhospiz.

Beste Reisezeit sind die Monate November bis März. Im Dezember/Januar sollten Sie eine Unterkunft vorbuchen, da dann alle südafrikanischen Familien Urlaub machen.

Auf Reisen mit Kindern spezialisiert ist der Veranstalter **Djoser Reisen GmbH,** Kaiser-Wilhelm-Ring 20, 50672 Köln, Tel. 0221/920 15 80, www.djoserjunior.de.

Kindgerechte Strände

Kap-Halbinsel: Camps Bay bei Kapstadt kennzeichnet lebhaftes Strandleben und eine gute Infrastruktur. Nördlich von Kapstadt ca. 30 Min. mit dem Auto wartet der **Bloubergstrand** › S. 78 mit flachen Sandstränden auf. An der False Bay bietet **Muizenberg** › S. 65 neben breiten Sandstränden im Children's Park Wasserrutsche und Spielplatz. Etwas weiter liegt **St. James** mit einem geschützten Strand, Tidal Pools und bunten Holzhütten. Am Boulders-Strand in **Simon's Town** lässt sich im seichten Wasser zwischen Pinguinen und windgeschützten Felsen ein ganzer Tag verbringen.

Indischer Ozean: Für einen Badeurlaub eignet sich **Durban** › S. 111 und Umgebung. Wassertemperaturen von durchschnittlich 24 Grad, toller Stadtstrand (am schönsten ist der bewachte North Beach), Schlangenpark, Minitown, Entertainment-Bereich mit Seilbahn sowie Schwimmbad, Flohmärkte und die **uShaka Marine World** bieten eine große Auswahl für das Familienprogramm. Beachlife und bewachten Strand findet man in **Margate** südlich der Hafenstadt. Etwas ruhiger geht es in **Hibberdene** und **Scottburgh** zu.

Malariafreie Wildparks

Der **Addo Elephant National Park** › S. 84 (www.sanparks.org/parks/addo), in dem neben den großen Dickhäutern auch Nashorn, Büffel, Leopard und Löwe, kurz die »Big Five«, herumstreifen, ist gut mit dem eigenen Fahrzeug zu erkunden; Übernachtung in Familien-Hütte möglich. Das **Madikwe Game Reserve** › S. 135 an der Grenze zu Botswana in Höhe von Gaborone brilliert malariafrei mit den Big 5 (www.madikwegamereserve.co.za). Im **Seaview Game & Lion Park** (www.seaviewpredatorpark.com) westlich von Port Elizabeth kann man rund 40 verschiedene Wildtierarten erleben, darunter Löwen, Giraffen, Zebras und Affen.

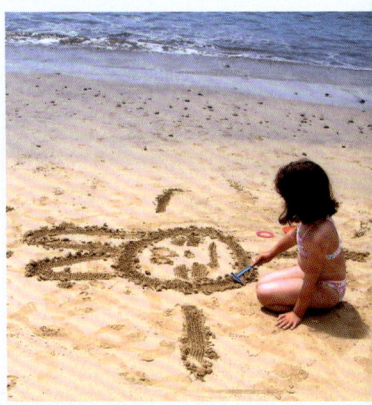

Am Strand wird es nie langweilig

Unterkunft

Die Auswahl an Hotels, Gästehäusern und Pensionen ist groß; die Preise liegen bis zu einem Drittel unter denen vergleichbarer Häuser in Europa.

In der Hochsaison (Ostern; Oktober bis Februar) ist eine vorzeitige Reservierung, besonders an der Küste und in den Wildreservaten, unerlässlich. Das **Tourism Grading Council of South Africa** (TGCSA) sorgt für die Ein- bis Fünfstern-Qualifizierung aller Unterkünfte (www.tourismgrading.co.za).

Hotels

Einen Hotelführer (Accommodation Guide) mit Klassifizierung verschickt South African Tourism › S. 153. Wichtige Hotelketten:

City Lodge

Komfortable Hotels, meist mit Pool, häufig im Zentrum, mittlere Preiskategorie.
- Tel. 0800/11 3790
  https://clhg.com

Protea Hotels

Etwa 80 Hotels der mittleren bis sehr guten Kategorie im ganzen Land.
- Tel. 0861/11 9000
  http://protea.marriott.com

Portfolio Collection

Die Portfolio Collection ist ein Zusammenschluss ausgesuchter Gästehäuser, Landhotels, Lodges und Pensionen aus den unterschiedlichsten Preissegmenten; jeder Betrieb bietet etwas Besonderes (z. B. ausgesprochen schön gelegen oder in der Ausstattung herausragend).
- Tel. 021/250 0015
  www.portfoliocollection.com

Tsogo Sun Hotels

Kette mit einem umfangreichen Angebot an Hotels.
- Johannesburg
  Tel. 011/461 9744 (in Südafrika)
  www.tsogosunhotels.com

Bed & Breakfast

In Südafrika gibt es zahlreiche Bed & Breakfast-Betriebe in allen Preissegmenten, von sehr einfach bis überaus luxuriös. Dort zu nächtigen garantiert fast immer auch einen engen Kontakt zu Land und Leuten und gute Ratschläge für Unternehmungen. Auf www.bnbfinder.co.za wird man sicherlich fündig.

Jugendherbergen

Allein in Kapstadt stehen 20 Backpacker Hostels, in denen ein Bett im

Hotel in Gold Reef City bei Johannesburg

Schlafsaal um 200 Rand kostet, zur Verfügung. Einige Hostels bieten auch Doppelzimmer an. Einen guten Überblick über günstige Unterkünfte im Land gibt das kostenlose Heft **Coast to Coast Backpackers Guide**, www.coastingafrica.com.

Camping

Über 800 meist gut ausgestattete und schön gelegene Camping- und Caravanplätze stehen zur Auswahl, viele verfügen auch über Holzhütten (Rondavels). Infos: www.caravanparks.com.

Unterkünfte in Nationalparks

Die Unterkünfte in den Schutzgebieten – von luxuriösen Chalets bis zu rustikalen Selbstversorgercamps und Campingplätzen – sind in der Regel günstig und sehr komfortabel. In viel besuchten Parks wie dem Krüger-Nationalpark muss man einige Monate im Voraus reservieren. South African National Parks in Pretoria unterstehen 19 Nationalparks. In Pietermaritzburg verwaltet Ezemvelo KZN Wildlife ca. 80 Wildschutzgebiete in Natal. Eine Nacht in privaten Reservaten ist teuer (ca. 400 €/Pers. inkl. Vollpension und Safaris).

South African National Parks
- P. O. Box 787 | Pretoria 0001
  Tel. 012/428 9111
  www.sanparks.org

Ezemvelo KZN Wildlife
- P. O. Box 13069 | Cascades 3202
  Tel. 033/845 1000
  www.kznwildlife.com

Die schönsten Hotels

- Das preisgekrönte Hotel **Winchester Mansions** in kapholländischem Stil sticht an der schönen Promenade von Sea Point in Kapstadt weit heraus. › S. 62
- Das 1871 erbaute **Hout Bay Manor** wurde mit viel Gespür für Farben und Details liebevoll restauriert. Eine Wohlfühloase fünf Minuten vom Strand entfernt. › S. 68
- Inmitten des Paarl Valley liegt das luxuriöse **Grande Roche** auf einem traumhaft schönen Weingut. Exzellentes Essen mit feinen Tropfen ist garantiert. › S. 70
- Aus den Räumen des alten schlichten Familienhotels **Windsor** direkt an der Küste von Hermanus lassen sich Wale beobachten – absolut spektakulär. › S. 74
- Die Gartenzimmer und Chalets der **Hollow Country Estate** in Knysna spiegeln die üppig grüne Vegetation der Gegend wieder. › S. 88
- Eine stimmungsvolle Übernachtung bietet das historische **Royal Hotel** in Pilgrim's Rest. Die viktorianischen Gebäude wurden hierher gebracht und original wider zusammengebaut. › S. 125
- In der **Motswari Lodge** inmitten des Timbavati Nature Reserve kommt Buschgefühl der Luxusvariante auf. Da Zäune fehlen, können die Tiere direkt an die Hütten herankommen. › S. 127

Farbenfroh sind die Häuser in Kapstadts Bo Kaap District

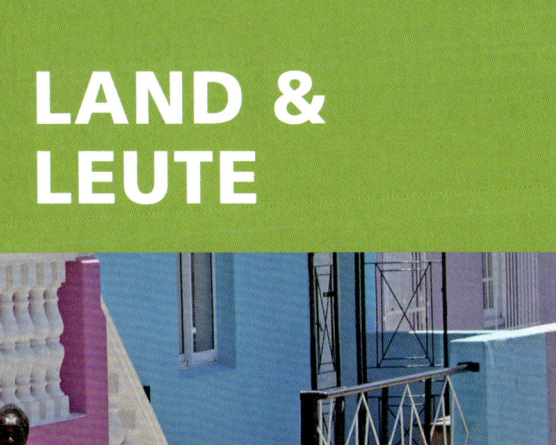

LAND &
LEUTE

Steckbrief

- **Lage:** Zwischen 22. und 35. südlichen Breitengrad
- **Fläche:** 1 221 037 km²
- **West-Ost-Ausdehnung:** 1500 km

- **Nord-Süd-Ausdehnung:** 1100 km
- **Bevölkerung:** ca. 55 Mio.
- **Bevölkerungswachstum:** ca. 1 %
- **Bevölkerungsdichte:** zwischen 2 und 100 Einw./km²
- **Arbeitslosenquote:** offiziell ca. 27 %, inoffiziell ca. 35 %
- **Amtssprachen:** Englisch und Afrikaans. Weitere neun offizielle Sprachen; die wichtigste ist Zulu.
- **Provinzen:** Gauteng, North West, Limpopo, Mpumalanga, Free State, KwaZulu-Natal, Eastern Cape, Western Cape, Northern Cape
- **Touristen:** ca. 9 Mio. (2015)
- **Landesvorwahl:** 00 27
- **Währung:** Südafrikanischer Rand
- **Zeitzone:** MEZ +1 (während der europäischen Sommerzeit gleich MEZ)

Politik und Verwaltung

Mit der 1994 erstmals nach der Apartheitszeit von allen Südafrikanern gewählten Regierung unter Führung des ANC › S. 37 hat sich die politische Landkarte geändert. Heute ist Südafrika in neun Provinzen gegliedert, die jeweis ein Landesparlament und und eine Landesverfassung haben. Den Präsidenten wählt das Parlament, bestehend aus der direkt gewählten Nationalversammlung und dem Senat mit Vertretern der Provinzen.

Die Spaltung des ANC seit 2008 und die wiederholt schweren Korruptionsvorwürfe gegen führende Politiker belasten die Innen- und Außenpolitik.

Wirtschaft

Südafrika produziert heute über die Hälfte aller industriellen Erzeugnisse des gesamten Kontinents. Die Goldfunde führten v. a. im Großraum von Johannesburg zu einer extremen Wirtschafts- und Bevölkerungskonzentration. Südafrika besitzt rund die Hälfte der weltweiten Goldreserven, sogar über 80 % der Manganvorkommen. Wichtigster Energieträger ist die Steinkohle, derzeit leidet das Land unter unzureichender Energieversorgung. Da Südafrikas Banken nur einen kleinen Teil ihrer Mittel außerhalb des afrikanischen Kontinents anlegen dürfen, ist das Land von der Finanzkrise wenig betroffen. Die Wirtschaftslokomotive Afrikas funktioniert relativ gut dank Zollunion mit den Nachbarstaaten und dem Einsatz von Fremdkapital, gerade auch der deutschen Wirtschaft.

Bevölkerungsgruppen

Noch heute ist die zu Apartheidzeiten geschaffene Einteilung der Bevölkerung in folgende Gruppen üblich: 80 % der Einwohner Südafrikas zählen sich zur schwarzen Bevölkerung. Sie gehören neun verschiedenen Bantuvölkern mit ebenso vielen offiziellen Sprachen an. Größtes südafrikanisches Volk sind die **Zulu** – rund 13 Mio. Menschen, etwa 25 % der Schwarzen. Sie siedeln überwiegend in KwaZulu-Natal und im Großraum Johannesburg. Zahlenmäßig folgen die **Xhosa** (10 Mio.); sie leben meist zwischen Port Elizabeth und Durban. Zu den **Nord-** und **Süd-Sotho** gehören 8 Mio. Menschen. Es folgen **Tswana** (4,5 Mio.), **Tsonga** (2,2 Mio.), **Swasi** (1,2 Mio.), die **Ndebele** (1 Mio.) östlich von Johannesburg und die **Venda** (1 Mio.) im äußersten Nordosten. Die meisten Schwarzen leben in den ländlichen Gebieten der ehemaligen zehn Homelands oder auf engstem Raum in den Townships am Rand der Städte.

Rund 5 Mio. Südafrikaner, v. a. in der Kapprovinz und in Kapstadt, sind Kinder schwarz-weißer Paare, oftmals noch als Farbige (Coloureds) bezeichnet. Zu ihnen werden auch die rund 300 000 Kapmalaien gezählt, Nachkommen der Sklaven, die vor rund 350 Jahren ans Kap gebracht wurden.

Auch die 5 Mio. **Weißen** (8,9 % der Bevölkerung) sind unterschiedlicher Abstammung. Die Südafrikaner niederländischer Herkunft – die Buren – kamen Mitte des 17. Jhs. als erste Europäer. Ihnen folgten ab 1820 Siedler aus Großbritannien. Beide Gruppen bekämpften sich in den Burenkriegen unerbittlich. Ca. 1 Mio. Deutschstämmige leben heute in Südafrika, daneben Franzosen, Italiener.

Zu den etwa 1,5 Mio. **Asiaten** zählen die Inder, deren Vorfahren ab 1860 auf den Zuckerrohrplantagen von Natal arbeiteten. Ihre Nachfahren beherrschen heute einen großen Teil des Handels; ihr Zentrum ist Durban. Vor allem um Johannesburg siedelten sich Chinesen an; sie kamen Ende des 19. Jhs. als Bergarbeiter.

Einst zogen die **San** als Jäger und Sammler im Landesinneren umher und schufen kunstvolle Felszeichnungen. Heute leben nur noch ca. 250 San in der Kalahari.

Zulu-Frau mit typischem Perlenschmuck

Geschichte im Überblick

Etwa 8000 v. Chr. Die San leben als Jäger und Sammler im Südwesten des südlichen Afrika, ab 400 erreichen erste Bantu-Völker das östliche Südafrika.

1488 Bartholomeu Diaz umschifft das Kap und landet in Mossel Bay.

1652 Jan van Riebeeck richtet am Kap eine Versorgungsstation für die Holländische-Ostindien-Kompanie ein und gründet damit Kapstadt.

1795 und **1806** erobern die Briten das Kapland.

1836–1854 Über 16 000 Buren vom Kap nach Norden, um britischer Bevormundung zu entkommen. Sie siedeln in Natal und Transvaal. 16. Dez. 1838: Schlacht zwischen »Voortrekkern« und Zulu am Blood River. Die Buren gründen im Transvaal und Oranje-Freistaat eigene Staaten.

1848 Natal wird britische Kolonie.

1857 5000 Deutsche kommen an.

1867 Beginn der Diamantenförderung bei Kimberley. Die Briten besetzen die Diamantenfelder.

1880–1881 Paul »Ohm« Krüger führt die Buren zum Sieg gegen die Briten und wird erster Präsident von Transvaal, das unter britischer Oberhoheit bleibt.

1899–1902 Zweiter Burenkrieg mit über 26 000 toten Zivilisten; die Buren werden geschlagen. Krüger sucht Unterstützung in Europa, er stirbt 1904 in der Schweiz.

1910 Transvaal und Oranje-Freistaat sowie die britischen Kolonien Natal und Kap verschmelzen zur Südafrikanischen Union. Louis Botha, Premier von Transvaal, wird Premierminister.

1912 Gründung des ANC (African National Congress), der ersten Partei für Schwarze.

1913 Beginn der Apartheidpolitik mit der Einführung von getrennten Wohngebieten für Schwarze.

1950–1953 Die Apartheid wird durch Erlasse (Acts) festgeschrieben. Den Schwarzen wird 1951 zudem das Wahlrecht entzogen.

1960 Am 21. März erschießt die Polizei 69 Teilnehmer einer Demonstration gegen die Passgesetze in Sharpeville/Transvaal. Der ANC wird verboten.

1964 Nach der Festnahme des ANC-Vorsitzenden Nelson Mandela 1962 und der Verurteilung zu fünf Jahren Haft wird das Urteil wegen »Hochverrats und Sabotage« in eine lebenslange Freiheitsstrafe umgewandelt.

1976 Schülerproteste am 16. Juni in Soweto gegen Afrikaans als Unterrichtssprache. Die Polizei erschießt zwei Kinder; es beginnt ein landesweiter Widerstand, der mindestens 600 Tote fordert.

1983 Reformen durch internationalen Druck: Mischlinge und Asiaten erhalten mehr Rechte. In den folgenden Jahren Aufhebung des Verbots von Mischehen und Abschaffung der Passgesetze.

1984 Friedensnobelpreis für Erzbischof Desmond Tutu.

1989 Rücktritt von Präsident Botha, Frederik Willem de Klerk wird sein Nachfolger.

1990 Am 2. Februar kündigt Präsident de Klerk die Freilassung von Nelson Mandela an. Der Ausnahmezustand wird beendet, Organisationen wie der ANC sind wieder zugelassen.

1993 Präsident de Klerk und Nelson Mandela erhalten gemeinsam den Friedensnobelpreis; die Wirtschaftssanktionen gegen Südafrika werden aufgehoben.

1994 Erste freie und allgemeine Wahlen. Mandelas ANC gewinnt sie mit 62 %; de Klerks National Party (NP) kommt nur auf 20 %. Am 10. Mai wird Nelson Mandela als erster schwarzer Präsident Südafrikas vereidigt.

1996 ANC und NP beschließen eine neue Verfassung. Die NP geht nach 48 Regierungsjahren in die Opposition, 2005 löst sie sich auf.

1998 Die Wahrheitskommission bringt weitere Menschenrechtsverletzungen ans Tageslicht.

1999 Wahlen nach der neuen Verfassung. Thabo Mbeki wird Nachfolger von Nelson Mandela.

2001 Die Anti-Aids-Kampagne klagt gegen die Regierung wegen unterlassener Hilfeleistung.

2004 Bei den Parlamentswahlen erzielt der ANC mit fast 70 % der Stimmen die Zweidrittelmehrheit.

2007 Helen Zille, Bürgermeisterin von Kapstadt, wird Präsidentin der liberalen Oppositionspartei Demokratische Allianz (DA).

2008 Präsident Thabo Mbeki tritt auf Drängen des ANC zurück.

2009 Bei den Parlamentswahlen gewinnt der ANC. Der umstrittene Jacob Zuma wird Staatspräsident.

2010 Südafrika richtet die Fußballweltmeisterschaft aus.

2012 Massenstreiks wegen steigender Arbeitslosenzahlen.

2013 Am 5. Dezember verstirbt Nelson Mandela.

2014 Bei den Parlamentswahlen erhält der ANC 62 % der Stimmen, Zuma bleibt Staatspräsident. Am 13. Juli verstirbt Nadine Gordimer.

2016 Das gesamte südliche Afrika wird von einer »Jahrhundertdürre« schwer getroffen. Bei den Kommunalwahlen verliert der ANC alle großen Städte (außer Durban) an die Demokratische Allianz DA.

Natur & Umwelt

Südafrika bildet nur ein Prozent der Landmasse der Erde, aber das Land ist eine »Arche Noah«, in der zehn Prozent aller Pflanzen-, acht Prozent aller Vogel- und fast sechs Prozent aller Säugetierarten beheimatet sind.

Rund 300 Säugetiere – von der winzigen Pygmäenmaus über Antilopen und Löwen bis zu den großen Landsäugetieren wie Elefant, Nashorn, Nilpferd – leben hier. Nationaltiere sind der **Springbock** und der **Paradieskranich**.

Giraffen bedienen sich im obersten Stockwerk der Natur

Der Tierreichtum ist jedoch nur noch ein Rest meist riesiger Herden, die vor 300 Jahren bei Ankunft der europäischen Siedler durchs Land zogen. Der Mensch hat einige Tierarten völlig ausgerottet. Dazu gehören der **Kaplöwe** und das **Quagga**, eine Zebraart, ebenso wie die **Blaue Antilope**.

Durch die Einrichtung von Schutzgebieten konnten buchstäblich drei Minuten vor zwölf einige bedrohte Tierarten gerettet werden. Zu ihnen gehören Spitz- und Breitmaulnashörner, Buntböcke und Afrikanische Wildhunde. Stark gefährdet sind Krokodile und Riesenschildkröten, beispielsweise die über 100 kg schweren Lederschildkröten in Natal. Im Land existieren ca. 200 verschiedene Echsen- und etwa 130 Schlangenarten, von denen aber nur die wenigsten für den Menschen wirklich gefährlich oder gar lebensbedrohend sind. In Acht nehmen sollte man sich jedoch vor der Grünen und Schwarzen Mamba sowie der Puffotter, die im Gegensatz zu ihren Artgenossen nicht flüchtet.

Der Reigen von über 900 Vogelarten reicht vom halbfingerkleinen **Malachit-Nektarvogel** bis zum flugunfähigen Vogel **Strauß**. Einige Schutzgebiete, so der Kgalagadi Transfrontier Park, gehören zu den letzten Refugien vieler Greifvogelarten wie **Adler** und **Geier**. Die tropische Wasserlandschaft des Maputalandes an der Küste von KwaZulu-Natal ist Brutstätte von **Pelikanen** und **Flamingos**; allein im Mkuzi-Wildreservat leben über 400 Vogelarten.

Meerestiere zeigen sich durch das nährstoffreiche Wasser besonders entlang der Westküste in großer Artenvielfalt. Vor der Südküste kann man zwischen Juni und November **Pottwale** und **Blauwale** zu Gesicht bekommen.

Die Korallenriffe des Indischen Ozeans bilden ein weit verzweigtes Ökosystem mit Langusten und Skorpionsfischen, bunten Falter- und Wimpelfischen – aber auch Haien. Die Badestrände um Durban sind aber durch stabile Hainetze völlig sicher.

Mit rund 24 000 verschiedenen Blütenpflanzen (davon allein 700 Baumarten) bricht Südafrika alle botanischen Rekorde. Das gilt vor allem für die Pflanzenvielfalt am Kap. Auf weniger als 70 000 km² wachsen 8000 Pflanzenarten; fast drei Viertel von ihnen sind endemisch. Die **Fynbos** (was soviel wie Macchia bedeutet) genannte Vegetationszone im Süden besteht aus 600 verschiedenen Erikaarten, Geophyten (Zwiebel- und Knollengewächse) sowie 85 Proteenarten, darunter die **Königsprotea**, die Nationalblume des Landes. Viele Pflanzen der Kapflora sind nach Europa gebracht worden, zum Beispiel Geranien, Lilien, Gladiolen, Iris und Fresien.

In der Wüste des Richtersveld im Nordwesten gedeihen die meisten Sukkulenten – Wasser speichernde Pflanzen wie **Köcherbäume** und **Lithops** (»Lebende Steine«). Bizarre **Baobabs** (Affenbrotbäume) mit mächtigen Stämmen überragen die Grassavanne im Nordosten von Transvaal. Pretoria überzieht im Oktober zur Blütezeit der **Jakarandabäume** ein violetter Schleier. Diese »Exoten« sind im 19. Jh. aus Südamerika eingeführt worden, ebenso wie Bougainvillea, Hibiskus und Azalee.

! Erst-
: klassig

Einzigartige Landschaften

• Abgelegener geht es fast nicht mehr in Südafrika. Im äußersten Norden an der Grenze zu Namibia erstreckt sich die wüstenhafte Landschaft des **Richtersveld National Park**. Als grenzübergreifender Park bildet er mit dem namibischen Schutzgebiet von Ai-Ais jenseits des Oranje rund um den Fish River Canyon eine Einheit. Man mag kaum glauben, dass in dieser absolut einsamen und unwirtlichen Gegend Pflanzen und Tiere überleben können. › S. 77

• Fast noch ein Geheimtipp sind die **Cederberge** am West-Kap, eine grandiose Gebirgslandschaft mit schroffen Gipfeln und tiefen bewaldeten Tälern, in der es sich hervorragend wandern lässt. Wer sich auf den Weg zu den Höhen begibt, wird hier und da an den steilen Hängen noch eine Clanwilliam-Zeder sehen, die Namensgeberin des Gebirges. › S. 76

• Wer durch Lesotho fährt, wandert oder mit Pferden trekkt, erlebt auf über 2000 m eine sattgrüne Hügellandschaft und einen Himmel, der nirgends sonst auf der Welt so klar und blau ist. Die Einsamkeit, die unverfälschte Natur und das überaus beeindruckende Gebirgspanorama sind die Trümpfe des »Königreichs im Himmel«. › S. 142

Die Menschen

Von 1913 bis zur Wahl im April 1994 bestimmte in Südafrika die Hautfarbe das gesamte Leben: die Wahl des Wohnorts, der Schule, des Transportmittels, Arbeitsplatzes etc.

Wenn auch die gesetzlich verankerte Rassendiskriminierung abgeschafft ist – die soziale Apartheid wird noch lange bestehen bleiben. An den Schaltstellen in Industrie und Wirtschaft sitzen oft Weiße. Weiterhin sind viele Schwarze auf das Know-how der Weißen angewiesen, die ihrerseits ohne das Potenzial an Arbeitskräften und Käufern nicht existieren könnten. Während die Kriminalität in Bereichen wie Mord sinkt, steigen Drogendelikte dramatisch an. Geradezu katastrophal wirkte sich die zögerliche Aidsbekämpfung der Regierung aus, die HIV-Infektionsrate ist eine der höchsten weltweit.

Aufbruch zu sozialer Gerechtigkeit

Nur in wenigen Ländern der Erde ist die Kluft zwischen Arm und Reich so groß wie in Südafrika. Besonders für die schwarze Bevölkerung fehlt es nach wie vor an Wohnungen, Kliniken und Schulen. Das »Reconstruction and Development Programm« soll dazu beitragen, die krassen sozialen Unterschiede zu beseitigen. Neben der Senkung der Einkommenssteuer für Geringverdiener und der wirtschaftlichen Stärkung von Kleinunternehmen vor allem für Schwarze (»Black Economic Empowerment«) wird die Einführung einer allgemeinen monatlichen Grundsicherung für die Bevölkerung diskutiert (»Basis Income Grant-BIG«). Auch in der Bildungspolitik unternimmt die Regierung erhebliche Anstrengungen. Der Weg zu einer sozial gerechteren Gesellschaft ist noch lang.

Holzschalen sind beliebte Mitbringsel

Religion

Über die Jahrhunderte hinweg haben Missionare ganze Arbeit geleistet – rund 80 % aller Südafrikaner sind Christen, aufgeteilt auf unterschiedlichste Kirchen. Die Quasi-Staatskirche der Buren (die Niederländisch-Reformierte Kirche, NG-Kerk) reflektierte nicht nur deren streng calvinistische Lebensform, sondern unterstützte auch die Apartheid. So gab es innerhalb der NG-Kerk gemäß der zur gottgewollt deklarierten Sozialordnung vier Gruppen: Weiße, Farbige, Inder und Schwarze. Als »Kirche ohne Weiße« wurde schon 1910 die Zion Church gegründet, denn wenigstens dort fanden ihre Mitglieder Anerkennung und Verständnis. Die meisten Glaubensgemeinschaften der Schwarzen verbinden christliche mit traditionell afrikanischen, animistischen Glaubensvorstellungen. Der Anteil von Hindus und Muslimen an der Bevölkerung ist mit rund 1,5 Mio. eher gering. Etwa 70 000 sind jüdischen Glaubens.

Kunst, Kultur & Kunsthandwerk

Kunsthandwerk

Die kunsthandwerklichen Fähigkeiten der schwarzen Völker Südafrikas kommen vor allem bei Alltagsgegenständen und der Kleidung zum Ausdruck. Portugiesische Händler brachten ab dem 17. Jh. farbige Glasperlen zunächst als Tauschobjekte ans Kap, welche die zur Dekoration dienenden Lehmkügelchen bald ersetzten. Vor allem die Zulu und Xhosa haben diese Glasperlenarbeiten fantasievoll ausgestaltet; sie zieren Stöcke, Töpfe und vor allem Kleidungsstücke, sogar Tiere oder Figuren werden daraus gefertigt.

Holz-, Flecht- und Tonarbeiten gehören zu den typischen Produkten des südafrikanischen Kunsthandwerks. Aus Gras oder Palmblättern geflochtene Körbe und Schalen kommen meist aus KwaZulu-Natal. Tontöpfe aus Venda sind oft mit geometrischen Mustern verziert, die in den feuchten Ton geritzt werden. Skulpturen aus Holz findet man überall auf Märkten, ebenso dekorative Gegenstände aus Draht, von Schalen und Bilderrahmen bis zu CD-Ständern.

Architektur

Die ersten holländischen Einwanderer schufen schon bald nach ihrer Ankunft 1652 den Cape Dutch Style, den **kapholländischen Baustil.** Charakteristika der strohgedeckten, strahlend weiß gekalkten Häuser sind klare Formen mit sparsamer Stuckverzierung und Mittelgiebel in der Hauptfassade. Der Grundriss änderte sich von rechteckig über L-, T- und H-Formen bis zur U-Form. Ab Mitte des 18. Jhs. wurden die Giebeldächer oft durch Flachdächer ersetzt. Prächtige Häuser im kapholländischen Stil kann man heute in Groot Constantia bei Kapstadt und den alten Orten Stellenbosch, Paarl und Swellendam bewundern.

Burische Heldenarchitektur zeigt sich monumental im Voortrekker Monument bei Pretoria › S. 123. Nach der Einwanderung der Briten ab 1806 wurden georgianische, dann **viktorianische Stilelemente** importiert; in

Typisches Haus im kapholländischen Baustil in Stellenbosch

Oudtshoorn und Kimberley sind noch viele Häuser mit den typischen schmiedeeisernen Gittern und weißen Holzbalkonen erhalten. Öffentliche Bauten, die oft mit monumentalen Säulen ausgestattet wurden, sind meist nur Kopien der Originale in Europa; auch der berühmte Architekt Sir Herbert Baker, der u. a. die Union Buildings in Pretoria schuf, entwickelte nichts wirklich Eigenständiges.

Die kunstvollen **Rundhütten** der schwarzen Völker sind in den ländlichen Gebieten bei den Venda sowie bei den Sotho, Zulu und Xhosa zu bewundern. Die Ndebele schmücken die Wände ihrer grasgedeckten Lehmhütten mit farbigen geometrischen Malereien. Bei den heutigen modernen Häusern der Schwarzen werden die herkömmlichen Baumaterialien zunehmend durch Wellblech ersetzt; das bedeutet nicht nur, dass jede Isolierung gegen Hitze oder Kälte fehlt, sondern symbolisiert auch den wachsenden Werte- und Traditionsverlust.

Malerei und Bildhauerei

Aus der Tradition europäisch-romantischer Landschaftsmalerei löste sich als eine der ersten **Irma Stern** (1894–1966), der in Kapstadt ein Museum gewidmet ist (www.irmastern.co.za). Schwarze Künstler wie der »Vater der Township-Kunst«, **Gerard Sekoto** (1913–1993), erhielten ab 1940 Aufmerksamkeit, doch erst in den letzten Jahren gebührende Anerkennung.

Der deutschstämmige Holzbildhauer **Anton Anreith** (1754–1822) schmückte u. a. die Groote Kerk in Kapstadt aus. Der Künstler **Jackson Hlungwani** (1923–2010) wurde Priester und schnitzte zahlreiche rituelle Gegenstände. Star der Moderne ist **William Kentridge** (geb. 1955), der sich mit Animationsfilmen zur sozialen Situation Südafrikas einen Namen gemacht hat. Starke Förderung und der weltweite Boom afrikanischer Kunst verwandelten Südafrika in ein Kunst-Dorado.

Literatur

Nadine Gordimer (1923–2014), die Grande Dame der südafrikanischen Literatur, erhielt 1991 den Nobelpreis. In mehr als einem Dutzend Romanen, zahlreichen Essays und Kurzgeschichten beschrieb sie die Zerrissenheit ihres Landes und die Folgen der Politik für die Menschen. Ihr Vater kam aus Litauen, ihre Mutter war Engländerin.

Afrikaans hat schon früh den Status der Literatursprache erhalten. Auch einige der glühendsten Bekämpfer der Apartheid schrieben ihre Bücher in Afrikaans: **Breyten Breytenbach** (geb. 1939), **John Coetzee** (geb. 1940; Literaturnobelpreis 2003) und **André Brink** (1935–2015), um nur drei wichtige Namen zu nennen.

Die Literatur der Schwarzen wurde durch **Thomas Mofolos** (1876 bis 1948) und seine Biografie des Zuluherrschers Shaka begründet. Autoren wie **Mbulelo Mzamane** oder **Miriam Tlali** haben die Apartheid literarisch verarbeitet. Weltweit gespielt werden die Stücke des Dramatikers **Athol Fugard** (geb. 1932). Auf einem seiner Romane beruht der 2006 mit einem Oscar ausgezeichnete Film »Tsotsi«, der in Johannesburg spielt. In die Kriminalwelt des modernen Südafrika entführen die Romane von **Deon Meyer** (geb. 1958), die durchwegs Welterfolge wurden.

Musik

Die traditionelle Musik hat sich seit Jahrhunderten nicht verändert, Trommeln, Flöten, auch Xylophone geben Ton und Rhythmus an. Eine Reihe zeitgenössischer schwarzer Musiker lässt althergebrachte Instrumente und Sequenzen in ihre Arbeit einfließen; zu hören ist dies bei der Zulumusik der Gruppe **Bayete** und bei dem 2007 verstorbenen Reggaesänger **Lucky Dube.**

Über viele Jahre hinweg war **Miriam Makeba** (1932–2008) die Botschafterin des schwarzen Südafrika. Die im Exil lebende Sängerin kehrte nach der Wende in ihr Heimatland zurück – wie auch der bedeutende Jazzmusiker **Abdullah Ibrahim.** Der englische Popmusiker **Johnny Clegg** hat sich Südafrika zur Wahlheimat erkoren und bereits zu Apartheidzeiten mit gemischtrassigen Bands Furore gemacht. Die **Antwoord** ist eine ebenfalls international erfolgreiche Pop-Gruppe, die sich auf dem schmalen Grat zwischen Trash und Ironie bewegt.

Jugendliche in Soweto

Feste & Veranstaltungen

Das ganze Jahr über finden in Südafrika bedeutende Feste statt. South African Tourism › S. 139 verschickt detaillierte Programme.

Festkalender

März: Cape-Minstrel-Karneval. Bunter Straßenkarneval in Kapstadt. Info: Kaapse Karnaval Association, www.capetowncarnival.com.

April: Klein Karoo National Arts Festival in Oudtshoorn. Riesiges Festival mit Musik, Tanz, Theater und Kunstmarkt. www.kknk.co.za

Juli: National Arts Festival in Grahamstown. Bedeutendstes Kunst- und Musikfestival des Landes seit 1974. Tel. 046/603 1103, www.nationalarts festival.co.za. 50 Dinge ⑨ › S. 13.

Juli/August: Wine Festival in Stellenbosch. Winzer präsentieren ihre Weine. Tel. 021/886 4310, www.stellenbosch winefestival.co.za.

August/September: Zur spektakulären Wildblumenblüte im Namaqualand finden **Festivals und Blumenshows** statt. Info: Tel. 022/ 772 1515, http:// capewestcoastpeninsula.co.za.

November–April: Summer Sunset Concerts, Kirstenbosch Botanical Gardens. Beliebte Konzertreihe am Sonntag Nachmittag, www.sanbi.org/events.

Essen & Trinken

Deftige Küche der Buren

In den Pioniertagen europäischer Einwanderer waren Eintopfgerichte, **Potjies**, und Fleisch an der Tagesordnung. Vielleicht lässt sich daraus die Begeisterung vor allem der Buren für **Braaivleis** (Grillfleisch) erklären. **Braai** ist eine gesellschaftliche Institution und Teil des südafrikanischen »way of life«. Am Wochenende lädt man sich gegenseitig zum Grillen ein, vertilgt reichlich Fleisch und dazu die schneckenförmig aufgerollten **Boerewors** (Burenwürste).

Als die Voortrekker mit ihren Ochsenwagen in unbekannte Ferne zogen, mussten sie Fleisch konservieren. In Streifen geschnitten und gesalzen, hielt es sich als Dörrfleisch monatelang. Schmackhaftes **Biltong** stammt von Rindern, Straußen und Antilopen. In den Restaurants bzw. Camps der Wildreservate steht oft **Game** (Wildfleisch) auf der Karte. Fleisch von der Schwarzfersenantilope (Impala) oder vom Kudu ist äußerst lecker; auch werden Krokodil-Rippchen, Filets vom Schwanzteil oder Straußenfleisch in vielen Restaurants angeboten. Aus alten Zeiten stammt der **Millipap** genannte Maisbrei, Grundnahrung der schwarzen Bevölkerung und Beilage zu deftiger Burenkost.

Asiatische Raffinessen

Eingewanderte Kapmalaien und Inder bereichern die Gastronomie besonders in Kapstadt, wo oft abgewandelte südostasiatische Gerichte auf den Speisekarten der Restaurants stehen. Dazu gehören vor allem **Sosaties** (Fleischspieße), **Bobotie** (ein Auflauf mit Lammhackfleisch und Curry) und verschiedene Arten von **Bredie** (Eintopfgericht). Im Waterblommetje-Bredie werden die Blüten von Seerosen mitgekocht.

Asiatische Gewürze verfeinern die Gerichte

Durban ist das Mekka der indischen **Currys.** Man sollte sie »mild« bestellen – dann sind sie für den nicht an Scharfes gewöhnten Gaumen gerade noch erträglich. Zu den Currys wird meist ein süßsaures **Chutney** gereicht. Auf dem Indian Market in Durban und in vielen Spezialgeschäften kann man indische Gewürze kaufen und bekommt meist Rezepte gleich mitgeliefert – ein originelles und leicht transportables Mitbringsel.

Britische Küche

Britische Einwanderer haben Roastbeef und das umfangreiche *English breakfast* eingeführt, das in allen größeren Hotels serviert wird. Beliebtester Bestandteil der morgendlichen Kalorienschlacht sind Eier in jeder Form mit Speck und Wurst. Manchmal werden auch Fisch, Leber und dicke Bohnen gereicht. Meist hält das vor bis zum Nachmittag; zum *high tea* gibt es häufig hausgemachtes Gebäck, *scones,* mit Schlagsahne und Konfitüre.

Fangfrisch auf den Tisch

Freunde von Fisch und Meeresfrüchten kommen vor allem an der Küste auf ihre Kosten – die fangfrischen Meerestiere sind relativ preiswert in Südafrika. Zum umfangreichen Angebot gehören Kingklip, Seehecht, Seezunge, Schellfisch, Makrele, Muscheln, Kalamari oder Garnelen. In Knysna, an der Gartenroute, werden **Austern** gezüchtet und können direkt an der Waterfront genossen werden. Die Westküste um Langebaan ist nicht nur für den wohlschmeckenden Fisch **Snouk,** sondern auch für edlen **Crayfish** – kein Fisch, sondern eine kleine Languste – berühmt. Zur Fangsaison feiert man in der Lambert's Bay Ende November das »Crayfish-Festival«. Wenn **Linefish** auf der Speisekarte steht, handelt es sich übrigens um fangfrischen Fisch von der Angel. In Mpumalanga (beim Krüger-Park) und in den Drakensbergen kann man gut frische **Forellen** (Trout) essen.

Besondere Restaurants

....

- Im **Africa Café** in der Shortmarket Street in Kapstadt gibt es beim Communal Feast Kostproben verschiedenster Speisen aus ganz Afrika sowie afrikanische Live-Musik. › S. 63
- Auf dem Weingut **Buitenverwachting** inmitten der Constantiaberge wird in kapholländischem Ambiente exzellente Küche serviert. › S. 65
- Direkt am Hafen von Hout Bay liegt mit dem **Mariners Wharfside Grill** eines der besten Fisch- und Seafood-Restaurants Südafrikas. › S. 68
- Im Grande Roche im Paarl Valley, bietet das **Bosman's** eine Küche der Extra-Klasse. › S. 70
- Das **Moyo** am Melrose Arch, dem Treffpunkt der schwarz-weißen Yuppie-Szene in Johannesburg, ist bekannt für exquisite Gerichte neben riesigen Granitfelsen. › S. 103
- Bei der kulinarischen Reise durch Südafrika ist die indische Küche in Durban ein Muss. Im **Kashmir** im Vorort Umhlanga Rocks genießt man indische Köstlichkeiten mit Blick aufs Meer. › S. 112
- Wer sich nach guter französischer Küche sehnt, ist bei **La Madeleine** in Pretoria richtig. › S. 123
- Im **Digger's Den** in Pilgrim's Rest wird aus Emailpfannen und Eisentöpfen gegessen. › S. 125

Afrikanische Küche

Die Südafrikaner besinnen sich zunehmend zurück auf die traditionelle afrikanische Küche. Deren regional unterschiedliche Produkte bereichern längst die von ausländischen Gästen sehr geschätzte südafrikanische Fusion aus europäischen und asiatischen Einflüssen. Restaurants in Kapstadt (z. B. das Africa Café), Johannesburg oder Durban laden zu kulinarischen Entdeckungstouren ein. Sogar die karge Naturdiät der San steht wieder auf dem Speiseplan – die Produkte der Hoodia-Pflanze werden als Schlankmacher vermarktet.

Getränke

Wegen der einwandfreien Qualität des Leitungswassers hat sich bis auf *soda water* Mineralwasser bisher kaum durchgesetzt. Das **Skoonspruit** (Flaschenwasser) ist teurer als Bier, das auf deutsche (Reinheitsgebot) und englische Art gebraut wird und auch in Light-Version erhältlich ist. Am beliebtesten sind die Marken **Castle, Black Label, Tafel Lager** und **Windhoek Lager,** die beiden letztgenannten aus Namibia.

Der oft mit Zichorie vermischte und auch in guten Restaurants servierte Pulverkaffee ist für Kaffeefreunde ein fades Geschmackserlebnis, allerdings bekommt man heute überall auch Filterkaffee. Tee wird fast nur in Beuteln aufgegossen. Der beliebte **Rooibostee** wird am Westkap um Citrusdal aus den Blättern des Rotbuschs gewonnen.

Alkohol erhält man in Supermärkten, vor allem aber im Bottle

Currygerichte findet man häufig auf der Speisekarte – hier mit Springbock

Store oder Drankwinkel. Softdrinks und Bier werden überwiegend in Dosen verkauft – mit 2,5 Milliarden Getränkedosen im Jahr hält Südafrika den Weltrekord im Verhältnis zur Bevölkerung. Besonders in kleineren Restaurants sollte man auf die Art der Alkohollizenz achten. Y bedeutet, dass Alkohol nur zu den Mahlzeiten ausgeschenkt werden darf; YY: nur Ausschank von Wein und Bier; YYY: *fully licensed* (volle Lizenz).

Trotz weltweiter Frauenemanzipation gibt es in Südafrika vereinzelt noch immer die Institution der Ladies' Bar: Frauen sind offiziell in den anderen Bars nicht geduldet – natürlich dürfen aber Männer in die Damenbars …

Südafrikanische **Weine** gehören zu den besten der Welt und kosten im Restaurant – anders als etwa in Deutschland – nur etwa das Doppelte des ohnehin meist niedrigen Ladenpreises. Eine Flasche Rot- oder Weißwein in guter Qualität ist zum Essen schon für umgerechnet rund 10 € zu haben.

Drei Viertel der Weinproduktion entfallen auf Weißweine (viel Chenin Blanc); seit einigen Jahren werden auch hervorragende Riesling- und Chardonnay- wie auch Roséweine produziert. Die Rotweine sind von geschmeidiger Kraft, oft aber mit 13 % Alkohol und mehr recht schwer *(full-bodied)*. Überwiegend werden Cabernet Sauvignon und die Kreuzung Pinotage trocken ausgebaut › **S. 71.**

Sekt (zum Teil in Flaschengärung) ist von ebenso guter Qualität wie Sherry und Brandy. Der sehr beliebte, cremige **Amarulalikör,** eine südafrikanische Erfindung, wird aus den goldgelben Früchten des wild wachsenden Marulabaums destilliert.

Buchtipps: Gerda Gröblinghoff et al., Weinabenteuer Südafrika, DruckVerlag Kettler, 2010. John Platter: SOUTH AFRICAN WINE GUIDE. Erscheint jedes Jahr neu; www.wineonaplatter.com

Clifton und Camps Bay am Fuß
der Twelve Apostles

TOP-TOUREN & SEHENS-WERTES

KAPSTADT UND UMGEBUNG

Kleine Inspiration

- **Sich bei einer Shoppingtour durch die Victoria & Alfred Waterfront** von der Auswahl überwältigen lassen › S. 61
- **Ein Bad mit Pinguinen am Strand von Boulders erleben** – eine einmalige Begegnung › S. 66
- **Südafrikanische Küche vom Feinsten** im Bosman's Restaurant in Paarl genießen, und anschließend eine stilvolle Übernachtung im dazugehörenden Hotel Grande Roche › S. 70
- **Wale live beobachten:** Vom Hotel Windsor in Hermanus kann man die riesigen Tiere vom Zimmer aus sehen, so nah kommen sie an die Küste › S. 73

Die »Mutterstadt« empfängt die Besucher mit ihrer heiteren, kosmopolitischen Atmosphäre. Die Kap-Halbinsel bietet Naturerlebnisse, Badebuchten und kleine Hafenorte, eine Tour durch das Weinland ist ein Muss.

In Kapstadt kann man leicht eine Woche verbringen. Da auch Ausflüge zum Kap oder in die Weinregion auf dem Programm stehen werden, sollte man sich ruhig zwei Wochen Zeit lassen. Zwischen Juli und Ende November locken dazu die Wale und Delfine in Hermanus.

Kapholländische Architektur prägt zwar die gesamte Region, Swellendam ist jedoch das Tüpfelchen auf dem i. Eine Tour durch die Kleine Karoo fasziniert mit spektakulären Pässen, das Weinanbaugebiet um Stellenbosch im Frühsommer mit seinen grünen Weinfeldern vor einer wilden Bergkulisse. Während hier mittlerweile die Pfade ausgetreten sind, bietet die Cederbergregion nördlich von Kapstadt viel ursprüngliche Natur und Einsamkeit. Auch die Fischer- und Feriendörfer an der rauen Atlantikküste leben nur zur Fangsaison des Crayfish von November bis Mai auf. Besonders schön ist im August/September ein Abstecher ins Namaqualand, wenn sich die Region in ein buntes Blumenmeer verwandelt.

Im südafrikanischen Winter (April bis August) herrscht am Kap oft Schmuddelwetter. Im Frühjahr und Herbst verusacht ein trockenheißer Wind aus dem Inland oft Kopfschmerzen. Oktober bis März sind die besten Monate am Kap.

Touren in der Region

Tour 1 Um die Kap-Halbinsel ⭐

Route: Kapstadt › Tafelberg › False Bay › Table Mountain National Park › Cape Point › Cape of Good Hope › Chapman's Peak Drive › Hout Bay › Kapstadt

Karte: Seite 52

Dauer und Länge: 1–2 Tage, ca. 165 km
Praktische Hinweise:
- Fahren Sie mit ihrem Mietwagen früh los, um die 165 km von Kapstadt zur Südspitze der Kap-Halbinsel und zurück an einem Tag zu schaffen. Badesachen einpacken!
- Der spektakuläre Chapman's Peak Drive › S. 67 nach Hout Bay ist mautpflichtig und des öfteren gesperrt.

Blick vom Tafelberg auf Kapstadt

Tour-Start:

Die Halbinsel südlich von Kapstadt mit dem **Table Mountain National Park** 6 › S. 66 schiebt sich weit zwischen die beiden Weltmeere Atlantischer und Indischer Ozean; sie endet am **Cape Point** und dem berühmten **Kap der Guten Hoff-** nung › S. 66. Vielen erscheint dieser Landfinger Südafrikas als schönstes Ende der Welt. Badebuchten, Fischerdörfer, Naturreservate sowie das älteste Weingut des Landes, Groot Constantia, laden zu Aufenthalten ein. Im Ferienort **Hout Bay** 8 › S. 67 ist Fisch essen angesagt. Am

Tour in Kapstadt und Umgebung

Tour 1

Um die Kap-Halbinsel
› S. 51

Kapstadt › Tafelberg › False Bay › Table Mountain National Park › Cape Point › Cape of Good Hope › Chapman's Peak Drive › Hout Bay › Kapstadt besten bleibt man gleich zum Sundowner und für die Nacht dort, aber auch als Tagesreise verspricht diese Tour viele unvergessliche Eindrücke in kurzer Zeit.

Tour 2 Die Wein-region

Route: Kapstadt › Stellenbosch › Paarl › Franschhoek › Drei-Pässe-Fahrt › Kapstadt

Karte: Seite 68
Dauer und Länge: 3 Tage, ca. 210 km
Praktische Tipps:
- Den Besuch von ein bis zwei Weingütern einplanen.
- Festes Schuhwerk für Wanderungen im Hottentots Holland Nature Reserve mitnehmen.

Tour-Start:

Eine Tour durch das Weinland ist einfach ein Muss, in dieser malerischen Landschaft mit majestätischen Bergen, grünen Tälern und unendlichen Weinbergen kann man sich wunderbar verlieren. Mindestens eine Weinprobe auf einem der vielen Weingüter ist Pflicht, z.B. beim Neethlingshof (www.neethlingshof.co.za) in Stellenbosch oder beim Gut Boschendal (www.boschendal.com) bei Franschhoek; hier locken ein Restaurant, ein Café, eine Weinbar wie auch Picknickmöglichkeiten.

Insbesondere **Stellenbosch 9** › S. 69 und **Franschhoek 11** › S. 73

sind in gastronomischer und historischer Hinsicht herausragend; zur Übernachtung laden wunderbar renovierte Herrenhäuser ein.

Im Hinterland von Kapstadt, so z.B. im **Hottentots Holland Nature Reserve** › S. 73, finden Wanderer herrliche Tourenmöglichkeiten.

Tour 3 Südlichster Punkt Afrikas

Route: Kapstadt › Hermanus › Cape Agulhas › De Hoop Nature Reserve › Swellendam › Montagu › Worcester › Kapstadt

Karte: Seite 68
Dauer und Länge: 4 Tage, ca. 690 km
Praktische Tipps:
- Fernglas zur Beobachtung der Wale (Juli bis Nov.) mitnehmen; neben dem touristischen Hermanus gibt es einsame Alternativen zur Walbeobachtung entlang der Strecke, z.B. im De Hoop Nature Reserve.
- In der Hochsaison (Nov. bis April) Unterkunft unbedingt vorbuchen.

Tour-Start:

Eine Tour für Natur- und Kulturliebhaber gleichermaßen: So nah an der Küste wie an der Walker Bay tauchen Buckel- und Glattwale kaum irgendwo in Südafrika auf, berühmt für seine guten Wal- und Delfinbeobachtungsmöglichkeiten ist vor allem **Hermanus 12** › S. 73. Die rauen Gewässer am **Cape Agulhas 13** › S. 74, dem südlichsten

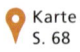
Punkt des Kontinents, sind bei Anglern sehr beliebt. Wer sich für kap-holländische Architektur begeistert, kann in **Swellendam** 15 › S. 75 schwelgen. **Montagu** 16 › S. 75 lädt zu einem nächtlichen Thermalbad unter dem klaren Sternenhimmel der südlichen Hemisphäre und anschließender Übernachtung ein.

Raue Küste, einsame Berge

Route: Kapstadt › Bloubergstrand › West Coast National Park › Langebaan › Lambert's Bay › Clanwilliam › Cederberge › Tulbagh › Kapstadt

Karte: Seite 68
Dauer und Länge: 4 Tage, ca. 685 km
Praktische Tipps:
• Am Wochenende und zur Hummersaison Unterkunft und Restaurant unbedingt vorher reservieren; Fernglas und Vogelbestimmungsbuch (erhältlich in Buchhandlungen in Kapstadt) einpacken.

• Immer rechtzeitig tanken und Reserverad des Mietwagens kontrollieren, z.T. Schotterpisten.

Tour-Start:
Der kühle Atlantik an der **Westküste** sorgt für einsame Strände und ruhige Fischerdörfer. Eine Spezialität dieser Region ist frischer Crayfish, den man z. B. in **Langebaan** 21 › S. 78 (hier auch Übernachtung möglich) oder Lambert's Bay unbedingt probieren sollte (Fangsaison ist von Nov.–Mai). Die zerklüfteten Formationen der **Cederberge** 19 › S. 76 begeistern nicht nur Wanderer, ebenso eindrucksvoll sind die riesigen bunten Blumenteppiche bei **Clanwilliam** 20 › S. 76 im südafrikanischen Frühling. Hier bleibt man am besten für ein oder zwei Nächte.

Verkehrsmittel
Innerhalb von Kapstadt lassen sich alle Ziele zu Fuß, mit dem Minibus oder Taxi erreichen. Für Touren in die Umgebung gibt es ein breites Angebot verschiedener Veranstalter wie auch an Autovermietungen.

Unterwegs in Kapstadt

Um den Hauptbahnhof Ⓐ [c5]
Nordöstlich des Hauptbahnhofs steht an der Heerengracht das **Denkmal** für den Kappionier und Stadtgründer Jan van Riebeeck und seine Frau Maria.

Am nahen Hertzog Boulevard arbeitet die Stadtverwaltung (Civic Centre), ihr gegenüber hat Kapstadts modernste Bühne ihr Domizil, das **Artscape Theatre Centre** (Theater, Konzerte, Tanz, www.artscape.co.za).

Kapstadt aus der Vogelperspektive

Das sternförmige **Castle of Good Hope** Ⓑ [d6] mit fünf kanonenbestückten Bastionen, das älteste Gebäude des Landes, erbauten rund 3000 Matrosen 1666 in nur einem Jahr. Einen Angriff musste die Festung, die zeitweise als Residenz der Gouverneure am Kap diente, nie abwehren. Sehenswert sind die Eingangspforte an der Grabenbrücke mit zwei Löwinnen, der **Van-der-Steel-Torweg** – so benannt nach dem ersten Gouverneur – und der **Katzenbalkon** mit Säulen aus Teakholz. Im Festsaal und in den angrenzenden Räumen ist die **Möbel-, Porzellan- und Gemäldesammlung** des 1968 verstorbenen Kunstmäzens William Fehr (tgl. 9–16 Uhr, www.iziko.org.za) untergebracht. Die Exponate zur frühen Seefahrt und Entdeckung der Weltmeere wurden aus dem Maritime Museum hierher verlegt. Außerdem beherbergt die Festung ein kleines **Militärmuseum** (tgl. 9–15.30 Uhr). Weitere Details der Anlage können im Rah-

men einer Führung besichtigt werden (Mo–Sa 11, 12, 14 Uhr, www.castleofgoodhope.co.za).

Auf dem Platz vor dem Kastell, der Grand Parade, wird regelmäßig ein bunter **Flohmarkt** abgehalten. Gute Parkmöglichkeiten sind vorhanden.

City Hall Ⓒ [c6]

Das Rathaus an der Darling Street wurde 1905 in einer gewagten Mischung aus italienischem Renaissance- und britischem Kolonialstil erbaut. Als Beigabe errichtete man nach dem Vorbild des Londoner Big Ben 1923 noch einen 60 m hohen Glockenturm.

Adderley Street

Mit ihren Straßenhändlern und Blumenverkäuferinnen zählt die Adderley Street zu den wichtigsten Geschäftsstraßen Kapstadts. Der schöne Bau der **Groote Kerk** Ⓓ [b6], der Niederländisch-Reformierten Kirche aus dem Jahr 1836, ist das dritte Gotteshaus an dieser Stelle und basiert auf dem Fundament der ersten Kirche des Landes von 1678. Der Glockenturm stammt aus dem Jahr 1703. Sehenswert ist die mit Schnitzereien geschmückte Kanzel.

Die **Slave Lodge** 🄴 [b6], das ehemalige Kulturhistorische Museum, widmet sich heute besonders der Geschichte der Sklaverei. Die permanente Sammlung und die Sonderausstellungen entwickelten sich zu Besuchermagneten. Schon 1679 als Sklavenunterkunft erbaut, diente das Haus 1809 nach einem Umbau als Postamt, später war es Sitz des Obersten Gerichtshofs. Seit 1966 wird es als Museum genutzt.

Über dem Eingang prangt ein schöner Stuckgiebel. Archäologen brachten in den letzten Jahren Funde zur Hausgeschichte und zum Alltagsleben seiner Bewohner ans Tageslicht. Sehenswert sind auch die permanenten Sammlungen von der Antike bis zur Neuzeit, darunter zur Geschichte der Niederländischen Ostindien-Gesellschaft, die historische Porzellan- oder die Silbersammlung (Mo–Sa 10–17 Uhr, www.iziko.org.za).

An der Government Avenue

Als Fußgängerzone bietet sie Spaziergängern besonderen Genuss, mächtige Eichen spenden Schatten. In den eindrucksvollen weißen **Houses of Parliament** 🄵 [b6] tagte das Parlament erstmals 1814. Seit Gründung der Südafrikanischen Union (1910) ist Kapstadt im ersten Halbjahr, Pretoria im zweiten Halb-

jahr Sitz der Regierung. Die Parlamentsdebatten sind öffentlich (Besuchereingang an der Parliament St., Führungen Mo–Fr 9–16 Uhr, Tel. 021/403 2266, Eintritt frei, www.parliament.gov.za).

Seit 1934 dient die **St. George's Cathedral** 🄶 [b6] der anglikanischen Gemeinde als Hauptkirche. Der jetzige Sakralbau aus dem Jahr 1901 war bis 1996 Sitz des emeritierten Erzbischofs und Friedensnobelpreisträgers Desmond Tutu. In die Mauern sind Originalsteine aus den Kathedralen von Glastonbury, Westminster Abbey und Winchester eingearbeitet.

Eine der größten Bibliotheken der südlichen Hemisphäre, die **National Library of South Africa** 🄷 [b6] hütet 400 000 Bücher: neben allen in Südafrika je veröffentlichten Werken auch lateinische Manuskripte aus dem 10. Jh. sowie Werke von Shakespeare (5 Queen Victoria Street, Mo–Fr 8–18 Uhr, www.nlsa.ac.za).

🄰 Hauptbahnhof
🄱 Castle of Good Hope
🄲 City Hall
🄳 Groote Kerk
🄴 Slave Lodge
🄵 Houses of Parliament
🄶 St. George's Cathedral
🄷 National Library of South Africa
🄸 Company's Garden
🄹 South African Museum
🄺 South African National Gallery
🄻 Rust en Vreugd
🄼 District Six Museum
🄽 Heart of Cape Town Museum
🄾 Greenmarket Square
🄿 Koopmans de Wet House
🅀 Victoria & Alfred Waterfront
🅁 Tafelberg

Die Anfänge der South African National Gallery lagen im Jahr 1871

Nach so viel Kultur bietet sich eine Rast im **Company's Garden** ❶ [b6] an. Hier legte Jan van Riebeeck die ersten Gemüsegärten an. Spazierwege führen vorbei an seltenen Bäumen und Sträuchern zu schönen Rosengärten. Weitere Attraktionen sind eine Sonnenuhr (1782) und zwei Denkmäler: Eines erinnert an Sir George Grey, Gouverneur am Kap von 1845–1862, ein zweites zeigt seinen Nachfolger, den Diamantenkönig Cecil John Rhodes (1853–1902). **50 Dinge** ㉕ › S. 15. Der Park ist eine Oase im Herzen der Stadt mit zahmen Eichhörnchen und allerdings etwas lästigen Tauben.

SEITENBLICK

Aus Kapstadts Geschichte

Portugals großer Seefahrer Bartholomeu Diaz umschiffte 1488 das Kap. Zehn Jahre später gelang seinem Landsmann Vasco da Gama endlich die Realisierung des lang gehegten Traums: Er segelte um das Kap herum und weiter bis nach Indien. Die Seefahrer gaben der auf halbem Weg gelegenen Landspitze den Namen »Kap der Guten Hoffnung«. 1652 landete der Niederländer Jan van Riebeeck im Auftrag der Holländisch-Ostindischen Gesellschaft in der Tafelbucht und errichtete eine Versorgungsstation. Neben Holländern, Briten und Deutschen wanderten bald auch Hugenotten aus Frankreich ein und begründeten die Weinindustrie.

1806 eroberten die Briten das Kap, bis zur Gründung der Südafrikanischen Union 1910 blieb Cape Town Hauptstadt der britischen Kronkolonie. Die Apartheid erreichte auch die sog. Mother Town: 1936 durften in Kapstadt Schwarze nicht mehr zur Wahlurne, ab 1956 auch Farbige. Seit der politischen Wende erlebte die Kapstadt einen Zuwandererboom, sodass sie heute mit über 3,5 Mio. Einwohnern die zweitgrößte Stadt des Landes ist. Das Verwaltungszentrum der neuen Western Cape Province ist in der ersten Jahreshälfte auch Sitz der Regierung.

Am südlichen Ende des Parks zeigt das 1825 gegründete **South African Museum** ❼ [a7] seine umfangreiche naturgeschichtliche Sammlung. Informativ sind die Ausstellungen über das Leben der San und die Nachbildungen prähistorischer Tiere (tgl. 10–17 Uhr, www.iziko.org.za).

Sehenswerte Museen

Schwerpunkte der **South African National Gallery** ❿ [b7] bilden Werke südafrikanischer Künstler sowie diejenigen europäischer Meister (tgl. 10–17 Uhr, www.iziko.org.za).

Sehr lohnend ist ein Besuch im Patrizierhaus **Rust en Vreugd** ❶ [b7]. Das Herrenhaus »Rast und Freude« wurde 1778 für die Holländisch-Ostindische Gesellschaft gebaut. Schnitzereien aus Teakholz und verzierte Säulen schmücken das Gebäude, zu sehen sind Gemälde aus der Sammlung William Fehr (Buitenkant/Roeland St., Mo–Fr 10 bis 17 Uhr, www.iziko.org.za).

In einer profanisierten Kirche dokumentiert das **District Six Museum** Ⓜ [c7] die tragische Geschichte des gleichnamigen, einst multikulturellen Stadtviertels (25a Buitenkant St., Mo–Sa 9–16 Uhr, www.districtsix.co.za).

Das **Heart of Cape Town Museum** Ⓝ erinnert an die weltweite erste Herztransplantation an einem Menschen im Groote Schuur Krankenhaus 1967 – ein Meilenstein in der Medizingeschichte (Main Road, Groote Schuur Hospital, tgl. geführte Touren um 9, 11, 13 und 15 Uhr, www.heartofcapetown.co.za).

Die besten Shoppingtipps

- In der Innenstadt von Kapstadt liegen rund um die **Long Street** kleine Boutiquen, Möbelläden, Antiquariate und mit dem **Pan African Market** das umfangreichste Angebot afrikanischer Kunst. › S. 61

- In die historische **Victoria & Alfred Waterfront** eingebettet ist das gleichnamige Einkaufsparadies am alten Hafen von Kapstadt. Neben qualitativ hochwertigem Kunsthandwerk finden Sie hier so gut wie alles, was das Herz begehrt. › S. 61

- Unter mit buntem Glas verzierten Dächern kann man im **Canal Walk Shopping Centre** bei Kapstadt sein Geld ausgeben – diese komplett künstlich angelegte Einkaufsstadt bietet neben 400 Läden und Entertainment-Hallen eindrucksvolle Palastarchitektur mit Palmenarrangements. › S. 65

- Nahezu mediterran geht es rund um den **Mandela Square** im feinen Johannesburger Stadtteil Sandton › **S. 103** zu. Hier lassen sich an Antiquitätenständen ganz individuelle Souvenirs entdecken.

- Ein multikulturelles Erlebnis bietet die **Oriental Plaza** in Downtown Johannesburg mit über 360 Geschäften mit feinen Stoffen und Düften asiatischer Gewürze. › **S. 103**

Viktorianische Häuserfassade
an der Long Street

Entlang der Long Street

Am nördlichen Ende beeinträchtigen zwar moderne Zweckbauten das Bild, in Richtung Süden aber verleihen viktorianische Häuser der meistfotografierten Straße Kapstadts bezauberndes Flair. Die sorgfältig restaurierten Gebäude mit ihren schmiedeeisernen Balkonen und Türmchen leuchten in Gelb, Rosa und Hellblau.

Auf dem **Greenmarket Square** [b5], einem alten Marktplatz (1710) mit historischem Kopfsteinpflaster, kann man Mo–Sa auf einem interessanten Flohmarkt stöbern. **50 Dinge** ㊳ › **S. 16.** Die Westseite des Platzes schmückt das ehemalige Rathaus, das **Old Town House** von 1775. In dem schönen kapholländischen Gebäude ist eine Sammlung holländischer und flämischer Maler des 17. Jhs. untergebracht (Mo–Sa 10 bis 17 Uhr, www.iziko.org.za).

Das **Koopmans de Wet House** [b5], ein Bürgerhaus von 1701, beherbergt eine Möbelsammlung im holländischen Stil (Mo–Fr 10 bis 17 Uhr, www.iziko.org.za).

SEITENBLICK

Klein-Asien in Kapstadt

Westlich der lebhaften Buitengracht ducken sich am Abhang des Signal Hill kleine farbige Häuser; steile Pflasterstraßen ziehen sich hügelan. Aus den Geschäften weht der Duft des Orients, in kleinen Moscheen ruft der Muezzin zum Gebet. Hier im Bo Kaap leben ungefähr 40 000 Kapmalaien, die Nachfahren der einst aus Malaysia verschleppten Sklaven. Die meisten Häuser entstanden Anfang des 19. Jahrhunderts. Das **Bo Kaap Museum** in der Wale Street informiert über das Leben der Kapmalaien (Mo–Sa 10–17 Uhr, www.iziko.org.za; auch Führungen durch das Viertel).

Auf den 350 m hohen **Signal Hill** fahren nicht nur Liebespaare gern und genießen den Sonnenuntergang und das nächtliche Lichtermeer von Kapstadt. Falls die Armbanduhr einmal streikt: Täglich außer sonntags knallt um Punkt 12 Uhr mittags auf dem Gipfel die »Noon Gun« – früher ein echter Kanonenschuss, heute ein elektronisch gesteuertes Signal.

Shopping

Die **Long Street** ist das »Quartier Latin« von Kapstadt. ❗ Man kann in schummrigen Läden nach alten Büchern stöbern, die Antiquitätengeschäfte sind voll mit Trödel. Kunsthandwerk aus vielen Ländern Afrikas findet man im Pan African Market, 76 Long St., Mo–Fr 9–17, Sa bis 15 Uhr und günstiger auf dem **Kunsthandwerksmarkt** am Greenmarket Square. **50 Dinge** ㊳ › S. 16. Wunderschöne Dinge aus Draht und Perlen gibt es bei **Streetwires**, 77 Shortmarket St., www.streetwires.co.za, Mo–Fr 8.30–17, Sa 9 bis 13 Uhr. Viel Auswahl an Literatur zum südlichen Afrika – auch deutschsprachig – bietet die **Buchhandlung Naumann**, 91 Kloof Nek Road (1.St.), Tel. 021/423 7832.

Victoria & Alfred Waterfront ❶ [b1] ⭐

Aus der einst düsteren Hafengegend entwickelt sich ein lebhaftes Vergnügungsviertel, heute eine Top-Attraktion der Stadt (www.waterfront.co.za). Namengebend waren Queen Victoria und ihr Sohn, der 1860 als 16-Jähriger den Startschuss zum Beginn des Hafenbaus gab. Beim Ausbaggern der Duncan-Docks ab 1938 wurden dem Meer 146 ha Land abgerungen: Kapstadts Foreshore. Hier drängen sich heute Hochhäuser, etwa das **Sanlam-Zentrum** mit 26 Stockwerken, das ab 1950 entstand. Heute prägen viele moderne Geschäftshäuser die City. Die Waterfront ist das ❗ innerstädtische Einkaufsparadies von Kapstadt schlechthin. Zur Fußball-WM 2010 ging ein 50 m hohes **Riesenrad** an der Canal Site in Betrieb – von

Victoria & Alfred Waterfront

oben hat man einen herrlichen Ausblick (www.capewheel.co.za).

Victoria Wharf

Noch Ende der 1980er-Jahre hätten die abbruchreifen Häuser und Lagerhallen im Hafen eine Filmkulisse für einen gespenstischen Krimi abgegeben. Das Hafenflair ist geblieben, ebenso Trockendocks, Frachter, Fischkutter und Segelboote. Ab 1990 wurden die alten Gebäude jedoch restauriert, neue in passendem Stil hinzugefügt – so die zentrale Victoria Wharf, ein Komplex mit Gaststätten und Boutiquen in Form großer Lagerhallen. Das Einkaufs- und Ausgehparadies umfasst etwa 260 Geschäfte, Galerien, Kinos, Hotels, Restaurants, Cafés und Kneipen.

Beliebte Treffs sind der **Nobel Square** mit den Statuen der vier südafrikanischen Friedensnobelpreisträger (Albert Luthuli, Desmond Tutu, Nelson Mandela, Frederik de Klerk), der **Clock Tower** sowie die **Market Plaza** mit dem Maritime Museum (Fotografien und Schiffsmodelle, tgl. 10–17 Uhr).

Two Oceans Aquarium ⭐

Die Haifütterung (tgl. 12 und 14 Uhr) gehört zu den besonderen Attraktionen des riesigen, modernen Aquariums. Neben Meeresschildkröten und Pinguinen kann man viele Fischarten des Kaps in bis zu 11 m hohen Becken beobachten und faszinierende Einblicke in die Unterwasserwelt gewinnen (tgl. 9.30–18 Uhr, Tel. 021/418 3823, www.aquarium.co.za).

Info

Cape Town Tourism

Gute Infos, auch Hotel-, Mietwagen- und Nationalparkbuchungen. Stadtführungen zu Fuß oder mit dem Doppeldeckerbus Cape Town Explorer. Mo–Fr 8–18, Sa 8.30–14, So 9–13 Uhr, im Winter bis 17.30, Sa bis 13 Uhr.
- Pinnacle Building | Burg/Castle St.
  Tel. 021/487 6800
  www.capetown.travel

Cape Town Tourism (Waterfront)

Tgl. 9–18 Uhr.
- Beim Riesenrad | Tel. 021/408 7600

Die **Go Cape Town Card** bietet freien Eintritt u. a. im Aquarium, beim Riesenrad, bei den City Sightseeing Bussen und auch bei einigen Museen außerhalb. In zahlreichen Restaurants erhält man einen Rabatt. Sie ist bei den Touristinformationen und online unter www.gocards.co.za erhältlich.

Awol Tours

Organisieren Townshiptouren auf Rädern, die in den Townships vermietet und unterhalten werden und so die lokale Bevölkerung unterstützen.

- Tel. 021/418 3803
  www.awoltours.co.za

Verkehrsmittel

Preiswert sind **Rikki-Taxis** (Tel. 0861/745 547, www.rikkis.co.za), die kreuz und quer durch die Stadt fahren und dabei Fahrgäste aufsammeln. Zwischen der Waterfront und Adderley Street bzw. Sea Point (Peninsula Hotel) verkehren regelmäßig Busse. Stadtrundfahrten im offenen Doppeldeckerbus bietet **City Sightseeing Cape Town** an (Zustieg z. B. am Clock Tower an der Waterfront, www.citysightseeing.co.za, Tel. 0861/733 287). Bootsausflüge sind mit der Waterfront Boat Company möglich (www.waterfrontboats.co.za).

Hotels

The Twelve Apostles Hotel €€€

Boutiquehotel in grandioser Lage am Fuße der »Zwölf Apostel« mit eleganten Zimmern, SPA-Bereich und exzellentem Fischrestaurant Azure.
- Victoria Road | Camps Bay
  Tel. 021/437 9000
  www.12apostleshotel.com

Winchester Mansions €€€

❗ Preisgekröntes Hotel im kapholländischen Landhausstil in fantastischer Lage, mit Pool und »Gingko«-Wellness-Spa. Sehr beliebt ist der Sonntags-Brunch mit Live-Jazz.
- 221 Beach Road | Sea Point
  Tel. 021/ 434 2351
  www.winchester.co.za

Villa Lutzi €€€

Sehr angenehmes Gästehaus unter deutscher Leitung in der Verlängerung der Long Street, Pool.

• 6 Rosemead Avenue
Tel. 021/423 4614
www.villalutzi.com

Dunkley House €€
Geschmackvoll eingerichtetes kleines
Haus mit Pool, auch Apartments; Restaurants und Museen in Gehweite.
• 3 b Gordon St., Gardens
Tel. 021/462 7650
www.dunkleyhouse.com

iKhaya Guest Lodge €€
Kleines Hotel mit afrikanischem Touch in
zentraler Lage. Tolles Frühstücksbüfett.
• Dunkley Square, Gardens
Tel. 021/461 8880
www.ikhayalodge.co.za

Restaurants
Quay Four €€€
Eines der beliebtesten Restaurants mit
Blick auf den Hafen. Fangfrischer Fisch,
exzellente Weinkarte.
• Victoria & Alfred Waterfront
Tel. 021/419 2008 | www.quay4.co.za

Masala Dosa €€
Hervorragende südindische Küche. Köst-
liches Hühnchencurry.
• 167 Long St. | Tel. 021/424 6772
www.masaladosa.co.za

La Mouette €
Kleine Karte mit ausgezeichneter französischer Küche.
• 78 Regent Road, Seapoint
Tel. 021/433 0856
www.lamouette-restaurant.co.za

The Africa Café €
❗ Gerichte aus ganz Afrika in verschieden dekorierten Räumen. Reservieren!

Im Two Oceans Aquarium

• 108 Shortmarket St. | Tel. 021/422 0221
www.africacafe.co.za

Nightlife
An der Victoria & Alfred Waterfront ist
immer was los, z. B. in der Brasserie des
Quay Four (jeden Abend ab 20 Uhr
Lifebands unterschiedicher Musikrich-
tungen, s. o.). Das **Arcade** ist eine coole
Bar mit Restaurantbetrieb (Bree Street,
http://arcadecafe.co.za, Mo–Sa ab
11.30 Uhr bis ultimo). In der **Blah Blah
Bar** gibt's Livemusik, Poetry Slams und
Kunst (Kloof Stret, www.blahblahbar.
co.za).

Ausflüge
Robben Island
18 Jahre lang war das Hochsicher-
heitsgefängnis dort Verbannungsort des ANC-Führers Nelson Mandela und vieler anderer politischer
Gefangener. Aufgrund der historischen Bedeutung nahm die
UNESCO die Gefängnisinsel in die
Weltkulturerbeliste auf (von ehema-

Vom Restaurant auf dem Tafelberg genießen Besucher die tolle Aussicht

ligen Gefangenen geführte Touren, Tickets Tel. 0861/22 5598, www.robben-island.org.za, Boote fahren mehrmals täglich ab Nelson Mandela Gateway am Clock Tower Centre an der Waterfront).

Tafelberg 🅡 ⭐

Einen atemberaubenden Rundblick über die ganze Kap-Halbinsel bietet an klaren Tagen der 1087 m hohe Tafelberg im Süden von Kapstadt. Er besteht aus Sandstein und Schiefer, war einst mindestens fünfmal so hoch und hat ein stolzes Alter von rund 600 Mio. Jahren. Mehr als 300 Wanderwege führen auf das Plateau; für den einfachsten Aufstieg, den man keinesfalls bei unbeständigem Wetter wagen sollte, benötigt man drei Stunden.

Tourismus und Buschbrände, so der Worldwide Fund for Nature (WWF), haben am Tafelberg schon 15 endemische Pflanzenarten vernichtet, weitere 140 sind von der Ausrottung bedroht. Der Tafelberg ist Teil des **Table Mountain National Park** › S. 66.

Den Weg hinauf ermöglicht eine moderne Panorama-Drehkabinen-Seilbahn, die 704 Höhenmeter überwindet. Ein Erlebnis ist es, den Tafelberg auf einer der vielen Wanderrouten zu Fuß zu erklimmen, z. B. über die Plattklip Gorge.

In den witterungsunbeständigen Monaten Juni–August sollte man möglichst früh hinauffahren, denn der Himmel kann schnell eintrüben (tgl. 8/8.30–16.30/20.30 Uhr je nach Jahreszeit, bei Sturm keine Fahrten, Tel. 021/424 8181, www.tablemountain.net).

Der **Devil's Peak** östlich des Tafelbergs ist mit 1001 m nur wenig niedriger; im Westen erhebt sich der **Lion's Head** (669 m).

Restaurant

Das **Table Mountain Café** (€) bietet Frühstück, Snacks und Hauptgerichte.

Unterwegs in der Umgebung

Canal Walk Shopping Centre

Entertainment pur bietet das riesige **!** Canal Walk Shopping Centre: Hier kann man auf künstlichen Flussarmen Boot fahren, gut essen und shoppen bis zum Umfallen – in über 400 Läden. Das Einkaufsparadies liegt nordöstlich von Kapstadt an der N1 Richtung Goodwood, 10 Min. Autofahrt, Shuttlebus vom Visitors Information Centre in der City und von den Hotels Mount Nelson, Westin Grand, Commodore und Southern Sun. (www.canalwalk.co.za, tgl. 9–21 Uhr.)

Kirstenbosch Botanical Gardens **1** ⭐ [C8]

Der Gründer der Diamantenfirma De Beers, Sir Cecil John Rhodes, schenkte dem Staat 1902 das Gelände der wunderschönen Botanischen Gärten. Auf gut 500 ha lernt man am Osthang des Tafelbergs fast 90 % der rund 25 000 Pflanzenarten des Landes kennen, so z. B. die Proteen. Besonders beeindruckt diese Vielfalt zur Blütezeit der meisten Gewächse zwischen Mitte August und Ende Oktober; in den Monaten vorher regnet es hier besonders viel (Sept.–März tgl. 8–19, sonst bis 18 Uhr, www.sanbi.org). **50 Dinge** ⑧ › **S. 13.**

Constantia **2** [C8]

Der Vorort beherbergt das älteste Weingut des Landes, **Groot Constantia.** Das Herrenhaus ist eines der schönsten Beispiele für kapholländische Architektur und birgt heute ein sehenswertes Museum (tgl. 10 bis 17 Uhr; Besichtigungen mit Kellerführung und Weinprobe tgl. 9–18 Uhr, zwei Restaurants, Tel. 021/794 5140, www.grootconstantia.co.za). **50 Dinge** ㉖ › **S. 15.**

Östlich der vornehmen Villenviertel beginnen die **Cape Flats.** Hier lebt die schwarze Bevölkerung des Kaps unter recht ärmlichen Bedingungen. In Mitchells Plain wurden ab 1975 Reihenhäuser für 300 000 Farbige gebaut.

Restaurant

Buitenverwachting €€, abends €€€
Für viele **!** das beste Restaurant im Land, meist ausgebucht. Ideal zum Lunch: Der »Gourmetkorb« mit Delikatessen wie Pâté und Blauschimmelkäse-Mousse kostet 150 Rand/Person, er wird von Nov.–April im Garten serviert.
• Klein Constantia Road
Tel. 021/794 3522
www.buitenverwachting.co.za

False Bay

Den nördlichen Beginn der False Bay markiert der beliebte Badeort **Muizenberg** **3** [C8]. Neben der zum Museum umfunktionierten Post aus dem 18. Jh. ist vor allem das einstige Sommerhaus von Cecil John Rhodes einen Besuch wert. Der Diamantenmagnat, Kapgouverneur und Rhodesien-Eroberer starb 1902 (Mo–Fr 10–14 Uhr).

Ornithologisch Interessierte sollten sich das Vogelschutzgebiet **Rondevlei** im False Bay Nature Reserve nicht entgehen lassen. Hier leben rund 200 Vogelarten am Brackwassersee Sandvlei, der von Dünen umgeben ist (Beobachtungssitze; tgl. 7.30–17 Uhr, Dez.–Febr. Sa/So bis 19 Uhr, www.capetown.gov.za).

Die bunten Umkleidehäuschen aus viktorianischer Zeit am Strand von **St. James** gleich südlich von Muizenberg sind ein beliebtes Fotomotiv.

Im kleinen Hafen von **Kalk Bay** 4 [C8] fahren morgens bunte Fischerboote aufs Meer hinaus. Im Sommer werden auch Bootsausflüge zur **Seal Island** angeboten. Bei Kalk Bay führt eine schmale Straße in das **Silvermine Nature Reserve.** Auf 2100 ha gebirgiger Landschaft gedeiht eine große Pflanzenvielfalt; auch Antilopen und Gazellen leben hier. Wanderwege erschließen das schöne Naturreservat.

Simon's Town 5 [C8] war einst britischer Militärstützpunkt und wurde erst 1957 an Südafrika übergeben. Im Städtchen bietet die zentrale St. George's Street ein einheitliches Bild mit hübschen Häusern aus der viktorianischen Epoche. In die Residenz des Kapgouverneurs von 1777 ist das Stadtmuseum eingezogen (Mo–Fr 10–16, Sa 10–13 Uhr).

Südlich des Stadt beginnt der sichere **Boulders Beach,** den man sich mit kleinen Brillenpinguinen teilen muss. Daneben befindet sich das Schutzgebiet für heute etwa 2500 Brillenpinguine, ursprünglich gab es zwei Paare! Von Holzstegen aus kann man die Kolonie gut beobachten.

Table Mountain National Park 6 [C8]

Der 22 000 ha große Table Mountain National Park erstreckt sich vom Tafelberg bis zum südlichsten Punkt der Kap-Halbinsel. Hier leben u. a. Antilopen, Strauße, Bergzebras und Paviane. Die vielfältige Flora des Reservats ist zur Blütezeit im September/Oktober besonders schön (www.sanparks.org).

Cape Point ★

Wer vom Parkplatz aus nicht eine Viertelstunde zu Fuß gehen will, kann mit der Drahtseilbahn bis zum eindrucksvollen Cape Point gelangen (Okt.–März tgl. 9–17.30, sonst bis 17 Uhr, http://capepoint.co.za). Donnernd schlägt die Brandung gegen die über 200 m fast senkrecht abfallenden Felsen.

Cape of Good Hope

Das Kap der Guten Hoffnung, einige Kilometer westlich, ist wesentlich unspektakulärer als Cape Point. Straße und Wanderweg führen zu dieser magischen Schnittstelle zwischen den Meeren: dem Atlantik im Westen und dem Indischen Ozean im Osten. Hier steht ein Gedenkkreuz für den Portugiesen Bartholomeu Diaz, der 1488 als Erster dieses »Kap der Stürme« umschiffte und schließlich in Mossel Bay an Land ging (6-17/18 Uhr, Eintritt).

Chapmans Peak Drive **7** [C8]

Hinter Noordhoek beginnt diese grandiose 10 km lange Küstenstraße mit ihren 114 Kurven, etwa 150 m hoch über dem Atlantik bis Hout Bay. Viele Stellen der zu den schönsten Panoramastraßen der Welt zählenden Strecke wurden in den letzten Jahren durch kurze Tunnels oder mit Stahlnetzen gegen Steinschlag gesichert. Dennoch unbedingt vorsichtig und langsam fahren! Halteplätze gewähren die beste Aussicht (Maut, www.chapmans peakdrive.co.za).

Hout Bay **8** [C8]

In Hout Bay wurde zur Zeit der Holländer Holz, *Hout*, geschlagen; inzwischen sind die Wälder längst

Brillenpinguine nisten in Boulders

verschwunden. Der bunte, belebte Hafen ist ein wichtiges Zentrum für den Langustenfang. Nicht versäumen sollte man einen halbstündigen Bootsausflug nach **Duiker Island**, zwischen Dezember und April drängen sich dort bis zu 5000 Robben (tgl. vier Abfahrten vormittags, www.circelaunches.co.za, Tel. 021/791 4441).

World of Birds nördlich von Hout Bay ist eine riesige Parkanlage mit über 3000 Vögeln, einigen Affenarten und Meerkatzen (tgl. 9–17 Uhr, www.worldofbirds.org.za).

SEITENBLICK

Wasserspaß am Kap

Die Westküste der Kap-Halbinsel ist windgeschützter als die Ostseite am Indischen Ozean. Aber der Atlantik wird auch im Sommer wegen des kalten Benguela-Stroms kaum wärmer als 17 °C, und tückische Strömungen sind lebensgefährlich. »Drüben« lockt der Indische Ozean mit molligen 23 °C oder mehr. Die Strände an der Westküste sind aber ein Paradies für fortgeschrittene Surfer (z.B. **Long Beach** bei Kommetjie, **Big Bay**), für FKK-Fans, die sich (offiziell illegal) nahtlos bräunen wollen (**Sandy Bay** bei Llandudno), oder für flotte Beachboys und Bikinigirls zum Sehen und Gesehenwerden (**Camps Bay** und **Clifton** westlich von Kapstadt). Entlang der **False Bay** erstrecken sich südlich von Muizenberg weite Sandstrände.

Hotel

Hout Bay Manor €€€

Luxushotel in einem ❗historischen Anwesen, nahe am Strand; Restaurant.
• Main Road | Tel. 021/790 0116
www.houtbaymanor.com

Restaurant

Mariners Wharfside Grill €€

Eines der ❗besten Seafood-Restaurants Südafrikas.
• Direkt am Hafen | Tel. 021/790 1100
www.marinerswharf.com

Touren in Kapstadt und Umgebung

Tour ② **Die Weinregion** › S. 53

Kapstadt › Stellenbosch › Paarl › Franschhoek › Drei-Pässe-Fahrt › Kapstadt

Tour ③ **Südlichster Punkt Afrikas** › S. 53

Kapstadt › Hermanus › Cape Agulhas › De Hoop Nature Reserve › Swellendam › Montagu › Worcester › Kapstadt

Tour ④ **Raue Küste und einsame Berge** › S. 54

Kapstadt › Bloubergstrand › West Coast National Park › Langebaan › Lambert's Bay › Clanwilliam › Cederberge › Tulbagh › Kapstadt

In der Weinregion

Stellenbosch 9 ★ [C8]

In der bereits 1679 gegründeten Stadt sind zahlreiche historische Gebäude erhalten geblieben. Um den Stadtplatz **De Braak** gruppieren sich das 1797 erbaute Bürgerhaus mit einem Museum, das Alte Kutscherhaus von 1790 und die Rheinische Missionskirche (1823). In der **Dorp Straat** ist die älteste und am besten erhaltene Häuserzeile zu bewundern – heute laden hier Galerien, Souvenirshops und gemütliche Cafés zum Bummeln und Verweilen ein.

Einen Besuch lohnt das **Village Museum** in der angrenzenden Ryneveld Street: Vier Häuser sind originalgetreu eingerichtet und wurden im Stil des 18. Jhs. restauriert (Mo bis Sa 9–17, So 10–13/16 Uhr, www.stelmus.co.za).

In der berühmten **Universität**, dem »Oxford der Buren«, gegründet 1918, sind heute auch Schwarze zugelassen, doch wegen hoher Gebühren hält sich deren Zahl in Grenzen.

Zahlreiche Weingüter und -kooperativen haben sich zur **Stellenbosch-Weinstraße** ★, der berühmtesten Weinstraße Südafrikas, zusammengeschlossen. Die meisten bieten Weinproben und Führungen an (Tel. 021/886 4310, www.wineroute.co.za). **50 Dinge** ⑯ › S. 14.

Info

Stellenbosch Tourism & Information
• 36 Market St. | Tel. 021/883 3584
  www.stellenbosch.travel

Hotels

River Manor Hotel & Spa €€€
Zentral gelegenes Boutiquehotel mit sehr britischer Atmosphäre und herrlichem Garten mit Pool.
• 6 The Avenue | Tel. 021/887 9944
  www.rivermanor.co.za

Hunneyball House €€
Sympathisch geführtes Gästehaus, zentral und ruhig; acht geräumige Gästezimmer, schöner Garten und Snack-Bar.
• 32 Herold St. | Tel. 021/882 8083
  http://hunneyballhouse.com

Restaurants

Lord Neethling €€–€€€
Top-Restaurant mit südafrikanischer und internationaler Küche auf einem Spitzenweingut.
• Neethlingshof (an der M 12, 6 km vom Zentrum) | Tel. 021/883 8988
  www.neethlingshof.co.za
  So abends geschl.

Wijnhuis €€–€€€
Italienische Küche mit Anpassungen an den südafrikanischen Geschmack, mittags und abends fast immer voll, am beliebtesten sind die Tische auf der Straße und in der ersten Etage an den Fenstern.
• Andringa Street
  Tel. 021/887 5844
  www.wijnhuis.co.za

Paarl 10 [C8]

In einer wild zerklüfteten Berglandschaft liegt Paarl (112 000 Einw.), das Zentrum des größten Weinbaugebietes am Kap. Der Name geht auf die Granitkuppen zurück, die den Ort überragen – nach Regen glänzen sie im Sonnenlicht wie Perlen.

An der Main Street in Richtung Stadtzentrum liegt das ehemalige Pfarrhaus, die **Oude Pastorie**, von 1714. Es beherbergt jetzt das Paarl Museum mit Möbeln und Antiquitäten aus kapholländischer Zeit (Mo–Fr 9–16, Sa 9–13 Uhr).

Der 600 m hohe **Paarlberg** mit seinen Granitdomen ist Teil eines Schutzgebiets. Hier wurde 1975 das nadelförmige **Afrikaans Language Monument** errichtet, als Symbol für Entwicklung und Verbreitung der Sprache Afrikaans (tgl. 8–17, Sommer 8–20 Uhr, www.taalmuseum. co.za). An klaren Tagen bietet sich ein wunderbarer Panoramablick.

Paarl ist auch Sitz der 1918 zur Stabilisierung der Weinindustrie gegründeten **KWV**, der größten Winzergenossenschaft des Landes. Die Fläche der Weinkeller beträgt mehr als 22 ha, das entspricht einem kleinen Weingut. Über 90 % der Winzer Südafrikas gehören der KWV an (www.kwvwineemporium.co.za, Tel. 021/807 3007, Führungen auf Deutsch Mo–Sa 10.15 Uhr).

Die meisten Weingüter der Umgebung kann man besichtigen. **Gut Nederburg** in Paarl (Tel. 021/862 3104, www.nederburg.co.za) ist ein wahrer Wein- und Sektgigant mit 650 ha Anbaufläche, auf der u. a. sehr guter Cabernet Sauvignon gedeiht. **Rheboskloof** ist wesentlich kleiner, bietet aber das exzellente Victorian Restaurant (www.rheboks kloof.co.za, Tel. 021/869 8386). Auf **Fairview** weiden Ziegen und Schafe; neben gutem Wein wird hier auch Käse hergestellt (Tel. 021/863 2450, www.fairview.co.za). Das **Backsberg**

Estate (Tel. 021/875 5141, www. backsberg.co.za) produziert feinen Merlot, Chardonnay und Cabernet, Restaurant im Freien.

Info
Paarl Tourism
Mo–Fr 8.30–17, Sa, So 10–13 Uhr
• 216 Main St. | Tel. 021/872 4842
  www.paarlonline.com

Hotels
Grande Roche €€€
❗ Tophotel auf einem Weingut mit Schwimmbad, Fitnesscenter und Tenniscourts; Spezialitäten im Restaurant Bosman's sind Lamm- und Fischgerichte, erlesene Weine.
• Plantasie St. | Tel. 021/863 5100
  http://granderoche.com

Rodeberg Lodge €
Kleines Gästehaus in einem historischen Gebäude im Zentrum von Paarl, einige Zimmer sind klimatisiert, sichere Parkplätze.
• 74 Main St. | Tel. 021/863 3202
  www.rodeberglodge.co.za

Restaurants
Noop €€€
Junge moderne crossover-Küche, vom Burger bis zu Kürbis-Ravioli.
• 127 Main Road | Tel. 021/863 3925
  www.noop.co.za

Terra Mare €€
Gemütlich eingerichtetes Lokal mit mediterraner Fischküche im Fusion-Stil und den feinen Standardgerichten der Kap-Küche.
• 90 A Main St. | Tel. 021/863 4805
  So geschl.

SPECIAL

Das Kap der guten Weine

Südafrikanische Weine haben Tradition und stehen auch bei Käufern in Europa inzwischen hoch im Kurs. Die Produktpalette ist vielfältig, die Geschmackrichtungen bieten jede Nuance. Historisches Zentrum des Weinanbaus ist das Dreieck Stellenbosch – Paarl – Franschhoek. Exzellente (und meist preisgünstigere) Tropfen kommen aus dem Gebiet um Robertson (östl. von Stellenbosch) und von der Westküste. Die meisten Reben werden dort angebaut, wo man es nicht vermutet: am Rand der Kalahari-Halbwüste, westlich von Upington entlang des Oranje-Flusses. Ein Großteil der Ernte wird zu Rosinen verarbeitet. Südafrika zählt inzwischen zu den wichtigsten Weinproduzenten der Welt.

Weinsorten

Aus der Alten Welt wurden die bedeutendsten Trauben importiert: für Weißweine Chenin Blanc, Chardonnay und später auch Riesling, Cabernet Sauvignon, Merlot und Shiraz für Rotweine. Eine speziell südafrikanische Rotweintraube ist Pinotage, eine Kreuzung aus den Rebsorten Pinot Noir (Spätburgunder) und Cinsaut (Hermitage). Die Weinlese am Kap findet im Februar statt, bei Temperaturen um die 40 °C. Kein Wunder also, dass die südafrikanischen Weine schwer sind (bis zu 15 Vol.-% Alkohol bei Rotweinen), dafür aber sehr körperreich.

Weingüter

Bis auf einige Ausnahmen sind auch in Südafrika die Erzeugnisse der bekannten Weingüter teurer (aber nicht immer besser) als Weine aus Gegenden ohne kapholländische Architektur. So wird man z. B. an der **Robertson Wine Route,** 100 km östlich von Paarl, sehr gute Entde-

Der Weinbau ist ein wichtiges Standbein der südafrikanischen Wirtschaft

ckungen machen (www.robertson wine valley.com). Das Gleiche gilt auch für die **Swartland-Weinroute** ca. 100 km nördlich von Kapstadt bei Malmesbury (www.swartland wine andolives.co.za).

• Ein bekanntes historisches Gut von 1865 ist **Boschendal** in Franschhoek (Tel. 021/870 4210, www.boschendal.co.za).

• Vor allem für seine Weißweine heimst **Villiera** in Koelenhof, knapp 15 km nördlich von Stellenbosch immer wieder Medaillen ein (Tel. 021/865 2020, www.koelenhof.co.za).

• Top-Rotweine und ein gutes Restaurant bietet **Blaauwklippen** in Stellenbosch (Tel. 021/880 0133, www.blaauwklippen.com) an der R 44 nach Somerset West).

• **Nelson's Creek** bei Paarl hat als eines der ersten Weingüter Rebflächen unter Verwaltung von Farbigen gestellt. Herausragend ist der Pinotage. Hier kann man

auch sehr schön übernachten (nur mit Selbstversorgung). (Tel. 021/ 869 8453, www.nelsonscreek.co.za).

Weinfeste

• An drei Tagen im Februar feiern Winzer aus Stellenbosch ihr **Stellenbosch Wine Festival** (Tel. 021/886 4310, www.stellenbosch winefestival.co.za).

• 300 Weine von ca. 40 Gütern präsentiert das zweitägige Fest **Wine on the River** im Oktober in Robertson (Tel. 023/626 3167, www.wineonriver.com).

Der SOUTH AFRICAN WINE GUIDE von John Platter (www.wineona platter.com) erscheint jedes Jahr neu. Darin werden alle Weingüter des Landes beschrieben und die Weine bewertet. Außerdem findet man viele Informationen zu Restaurants und Übernachtungsmöglichkeiten.

Franschhoek **11** [C8]

Der kleine Ort ist eine Gründung von Hugenotten. Durch ihre Kenntnisse im Weinbau trugen sie zum guten Ruf der südafrikanischen Weine bei. Franschhoek wird von schroffen Bergen überragt; die meisten Weingüter tragen französische Namen: **Dieu Donné, La Provence** oder **Mont Rochelle.** Der in Südafrika geborene Deutsche Achim von Arnim produziert auf **La Cabrière** hervorragenden Sekt in Flaschengärung (Tel. 021/876 8500, www.cabriere.co.za).

Hotel

Le Quartier Français €€€
Schickes Boutiquehotel mit einem wirklich exquisiten Restaurant.
• 16 Huguenot Road
021/492 2222
www.leeucollection.com

Drei-Pässe-Fahrt

Den Pfad über den **Franschhoek Pass** trampelten einst Elefanten aus, ehe 1819 der Weg bis zur 701 m hohen Anhöhe ausgebaut wurde. Von hier bietet sich ein wunderschöner Ausblick auf das Weinanbaugebiet der namensgebenden Stadt. Nach dem politisch engagierten Farmer Sir Anthony Viljoen wurde der 525 m hohe **Viljoen Pass** benannt. Für die ersten Siedler wurde 1838 der **Sir Lowry's Pass** befestigt. Während der Talfahrt genießt man einen wunderbaren Überblick über die False Bay und die Kap-Halbinsel. Gleich nach dem Pass gelangt man zum Tor des **Hottentots Holland Nature Reserve,** bekannt für seine ein-

Felsig ist die Küste vor Hermanus

zigartige Fynbos-Vegetation und guten Wandermöglichkeiten (www.capenature.co.za/reserves).

Hermanus **12** ★ [C8]

In der Hauptstadt der Walroute an der Walker Bay verkündet im südafrikanischen Winter ein ❗ Ausrufer am Strand, wo gerade Buckel- oder Glattwale in Ufernähe aufgetaucht sind. Wal-Saison ist von Juli bis Ende November. Die Berge reichen hier bis an die felsige Küste, an der sich die Wellen brechen. Die meisten Besucher kommen wegen der Sandstrände und Wassersportmöglichkeiten oder zum Angeln. Etwas nordöstlich erkundet man im **Fernkloof Nature Reserve** die Kapflora (Tel. 028/313 0819, www.fernkloof.com). **50 Dinge** ④ › S. 12.

Am Cape Agulhas, dem südlichsten Punkt Afrikas

Info

Touristenbüro
• Old Station Building
Tel. 028/312 2629
www.hermanustourism.info

Infos zum Wal-Festival Ende September:
http://hermanuswhalefestival.co.za.

Hotels

Windsor Hotel €€€
❗ Altes Familienhotel direkt am Meer; Wale beobachtet man vom Zimmer aus.
• 49 Marine Drive | Tel. 028/312 3727
www.windsorhotel.co.za

Abalone Guesthouse €€
Modern-elegantes Gästehaus mit viel Glas in der ersten Reihe am Cliffpath.
• 306 Main Road | Tel. 044/533 1345
www.abalonelodge.co.za

Restaurant

Bientang's Cave €–€€
Beste Pasta, frischen Fisch, guter Wein.
• Beim alten Hafen | Tel. 028/312 3454
www.bientangscave.com

Cape Agulhas 13 [D8]

Der südlichste Punkt Afrikas erhielt den Namen Nadelkap von den portugiesischen Seefahrern, die im 15. Jh. den gefährlichen Punkt umschifften. In den rauen Gewässern am Zusammentreffen von Atlantischem und Indischem Ozean liefen viele Schiffe auf Grund, auch der alte Leuchtturm von 1848 konnte dies nicht verhindern. Im Leuchtturm ist ein kleines Museum untergebracht, von oben bietet sich ein schöner Ausblick.

1999 wurde das eher unspektakuläre Cape zum Nationalpark erklärt – es ist vor allem bei Anglern beliebt (www.sanparks.org/parks/agulhas) **50 Dinge** 24 › S. 15.

De Hoop Nature Reserve 14 [D8]

Nur wenige Reisende besuchen das wunderschöne Reservat, das seit 2004 zum UNESCO-Weltnaturerbe gehört. Ein Grund dafür mag die Anfahrt über eine teilweise nur geschotterte Piste sein. An der kilometerlangen Küste mit Sanddünen lassen sich von Juli bis November Wale und Delfine beobachten. An Land kann man insgesamt über 80 Säugetierarten entdecken, darunter die seltenen Buntbock-Antilopen, Bergzebras und Strauße. Mehrere interessante Wanderwege führen durch das 35 000 ha große Reservat, als Unterkünfte dienen Hütten für Selbstversorger (Tel. 021/422 4522, www.dehoopcollection.co.za).

Swellendam 15 [D8]

Das interessanteste historische Gebäude in der drittältesten Stadt Südafrikas ist die alte Landvogtei, die **Drostdy**, 1746 in klassischer U-Form erbaut und strohgedeckt. Innen sind alte Möbel und Gemälde zu sehen (Mo–Fr 9–16, Sa, So 10 bis 14 Uhr, www.drostdy.com). Den Ort selbst überragen die vier wild zerklüfteten Gipfel der Langeberge. Seit Ankunft der Niederländer sind sie nur als 10, 11, 12 und 13 Uhr bekannt, weil sie – zumindest um die Mittagszeit – eine gigantische natürliche Sonnenuhr bilden.

Südlich von Swellendam leben im **Bontebok-Nationalpark** die seltenen Buntböcke, Bergzebras und 200 Vogelarten; im Breede kann man angeln (www.sanparks.org/parks/bontebok).

Hotel

Aan de Oever Guest House €€
Gemütliches kleines Gästehaus, elegante Zimmer, Salzwasserpool im Garten.
• 21 Faure St. | Tel. 028/514 1066
www.aandeoever.com

Montagu 16 [D8]

Historische Häuser und britischer Charme kennzeichnen den kleinen Ort am westlichen Rand der Kleinen Karoo – berühmt für den vorzüglichen Muscadel-Wein und die 43 °C warmen Thermalquellen Avalon Springs (3 km außerhalb, tgl. geöffnet). Schöne Wanderwege erschließen die reizvolle Umgebung des Ortes.

Hotels

Kingna Lodge €€€
Viktorianisches Gebäude mit vielen Antiquitäten. Exquisites Essen in schönem Speisezimmer.
• 11 Bath St. | Tel. 023/614 1066
www.kingnalodge.co.za

Avalon Springs Hotel €€
Das moderne Resort-Hotel liegt 3 km außerhalb direkt bei den warmen Mineralquellen in einer Schlucht. Man auch abends in die Pools steigen.
• Uitvlucht St. | Tel. 023/614 1150
www.avalonsprings.co.za

Worcester 17 [C8]

Die Industrie- und Handelsstadt ist der zentrale Versorgungsort der Region rund um den Hex River und das Breede-Tal. Weinabfüllungen, Obstmärkte und die großen Brandy-Fabriken bestimmen das wirtschaftliche Leben. Der südafrikanische Brandy galt schon immer als hervorragender Tropfen, der es durchaus mit spanischen Erzeugnissen aufnehmen kann. Das **KWV House of Brandy** in der Church Street ist der Stammsitz der Firma für die Herstellung von Branntwein (http://campaigns.kwv.co.za).

Im Freilichtmuseum **Kleinplasie Farm** hat man die verschiedenen Hütten und Häuser der Völker Südafrikas aufgebaut. Nicht nur Kinder finden die Vorführungen von typischem Handwerk wie Brot backen, Schafschur oder Seifenherstellung informativ (http://worcestermuseum.org.za, Tel. 023/342 2225, Mo bis Fr 8–16.30, Sa 8–13 Uhr).

Weingut bei Tulbagh

Tulbagh 18 [C7]

Ein Erdbeben zerstörte 1969 viele alte Häuser in dem 1700 gegründeten Städtchen. In der **Church Street** hat man etliche Bauten wieder restauriert. Die Niederländisch-Reformierte Kirche (1743) und drei benachbarte Häuser dienen heute als Volkskundemuseum (Mo–Sa 9–16, So 11–16 Uhr, www.tulbagh.net). Etwas außerhalb liegt der elegante Bau **Oude Drostdy** von 1806, heute das Weingut **Drostdy-Hof** mit Weinverkostung (Tel. 023/230 0203, www.drostdyhof.co.za). Im Keller lagern die edlen Tropfen des nahen Drostdy-Weinguts. Der Weinkeller **Twee Jong Gezellen** bei Tulbagh ist auf Sekt spezialisiert (Tel. 023/230 0680, www.houseofkrone. co.za).

Restaurant

The Olive Terrace €€
Südafrikanische Küche auf hohem Niveau zu erschwinglichen Preisen.
• 22 Van der Stel St. | Tel. 023/230 0071

In den Cederbergen 19 [C7]

Etwa 70 000 ha einmalige Berglandschaft zwischen Ceres und Clanwilliam stehen in der **Cederberg Wilderness Area** unter Naturschutz. Bis auf 2028 m (Sneuberg) erheben sich die zerklüfteten Cederberge. Die hier wachsende Clanwilliam-Zeder gab dem Gebiet ihren Namen. **!** Gute Wanderwege erschließen die Bergwelt mit Schluchten, Wasserfällen und bizarr erodierten Felsen wie z. B. dem Maltheserkreuz. Bei der Algeria Forest Station kann man herrlich zelten (Tel. 072/446 9977, www.capenature.co.za).

Clanwilliam 20 [C7] am Olifants River wurde 1820 gegründet und besitzt schöne Häuser aus jener Zeit. Im Old Goal von 1808 ist heute das Stadtmuseum untergebracht. Die Gegend ist bekannt für Zitrusfrüchte, Tabak, Gemüse und den aus den getrockneten Blättern des Rotbuschs erzeugten Rooibostee.

Unterkunft

Blommenberg Guest House €€
12 Zimmer, z. T. mit Kochgelegenheit, gruppieren sich um den Innenhof eines alten Farmhauses am Ortseingang; Pool.
• 1 Graafwater Road | Clanwilliam
  Tel. 027/482 1851
  www.blommenberg.co.za

Namaqualand [B5]

In den kleinen Ort **Kamieskroon** strömen während der Wildblumenblüte Besucherscharen, um die einmalige Blumenpracht zu erleben. **Springbok** ist die Hauptstadt des Namaqualandes. Im nahen **Goegap Nature Reserve** wachsen neben diversen Sukkulenten auch bizarre Köcherbäume, die mit den geringen Niederschlägen der Region auskommen. Im Winter sieht man Antilopen, Gazellen und Bergzebras auf den bunten Blumenwiesen.

Margaritenblüte im Namaqualand

Nordwestlich von Springbok erstreckt sich die menschenleerste und wildeste Ecke Südafrikas. In dieser Mondlandschaft mit steinigen Bergen und wasserlosen Flussbetten gedeihen unzählige wasserspeichernde Pflanzen. Lohnend ist die Fahrt durch die wüstenhafte Gegend am Atlantik von **Port Nolloth** bis zum Diamantenort Alexander Bay direkt an der Grenze zu Namibia. Eine Sondergenehmigung zum Besuch des Gebiets erhält man beim Richtersveld Management Committee im Ort Lekkersing.

Im Grenzgebiet zu Namibia windet sich der Oranje River durch eine grandiose Bergwelt zum Atlantik. Hier schützt der südafrikanische Teil des grenzübergreifenden Schutzgebietes, der **Richtersveld National Park,** ❗ eine wilde, unerschlossene Halbwüste mit endemischen Sukkulentenarten. Den Park kann man nur mit Allradfahrzeugen erkunden (www.sanparks.org/parks/richtersveld). Wegen der langen Distanzen sollte man sich mindestens zwei Tage Zeit nehmen.

SEITENBLICK

Blumenrausch

Von Mitte August bis Ende September verwandelt sich das öde Hinterland der nördlichen Westküste in ein Blütenmeer – v.a. in dem Gebiet zwischen Garies und Springbok. Die Wildblumenblüte beginnt schon bei Clanwilliam; dort werden in der ersten Septemberhälfte Blumenausstellungen organisiert. Nach den seltenen Regenfällen brechen Mittagsblumen und Namaqua-Daisies, sog. Kapmargariten, aus der Erde und überziehen weite Flächen mit einem orangefarbenen, gelben und blauen Teppich. Natürlich stehen nicht alle Pflanzen gleichzeitig in Blüte: Über den aktuellen Stand informiert die Namaqua Flower Hotline, Tel. 079/294 7260, www.experiencenortherncape.com.

Fangfrischer Snoek aus dem Atlantischen Ozean (Lambert's Bay)

Info

Richtersveld Tours
Organisiert Exkursionen in den Richtersveld National Park mit Geländewagen oder mit dem Mountain Bike.
• Tel. 082/335 1399
  www.richtersveldtours.com

Hotels

Naries Guest Farm €€€
Gute Verpflegung mit Hausmannskost, Touren zu Wildblumenwiesen auf dem Farmgelände.
• 27 km westl. von Springbok
  Tel. 027/712 2462
  www.naries.co.za

Kamieskroon Hotel €€
Familienhotel; Fotokurse in der Blumensaison März/April und Aug./Sept.
• Old National Road | Kamieskroon
  Tel. 027/672 1614
  www.kamieskroonhotel.com

Die Westküste

Berühmt ist der Blick vom **Bloubergstrand** über die Bucht von Kapstadt und den Tafelberg. Über den meist heftigen Wind an den langen Sandstränden freuen sich Wind- und Kitesurfer. Auch das Fischer- und Feriendorf **Langebaan** 21 [C7] zieht vor allem Surfer, Segler und Angler an. Der nahe **West Coast National Park** [C7] erstreckt sich auf beiden Seiten einer 25 km langen Lagune, ein Vogelparadies (www.sanparks.org).

Hotel

The Farmhouse €€
Hübsches Hotel am Meer.
• 5 Egret St. | Langebaan
  Tel. 022/772 2062
  www.thefarmhouselangebaan.co.za

Restaurant

Die Strandloper €€
Im improvisierten Openair-Restaurant direkt am Strand gibt es acht Gänge Fisch und Meeresfrüchte direkt vom Grill – zum fairen Festpreis. Reservieren!
50 Dinge ⑮ › S. 14.
• Langebaan | Tel. 022/772 2490
  www.strandloper.com
  Sommer 4×/Woche mittags u. abends.

Im Fischer- und Ferienort **Lambert's Bay** 22 [C7] ist ebenfalls Fisch essen angesagt. Die durch einen Pier mit dem Festland verbundene **Bird Island** ist Nistplatz für ca. 14 000 Kaptölpel; man kann sie vom Aussichtstum beobachten.

Hängebrücke über den Storms River

DER SÜDEN

Kleine Inspiration

- **Nervenkitzel verspüren beim Überqueren der Hängebrücke** über den Storms River und die tolle Aussicht auf die spektakuläre Landschaft erleben › S. 85
- **Den Sonnenuntergang genießen** bei den Heads of Knysna, ebenso die Übernachtung im Hollow Country Estate an der Lagune von Knysna › S. 87
- **Besonders skurrile Felsformationen bestaunen** im Valley of Desolation › S. 91
- **An langen Sandstränden entspannen** und zwischen diversen Wassersportarten wählen in Port Alfred › S. 93

Lagunen, Strände und Wälder kennzeichnen die Garden Route. Die üppige Küstenvegetation bildet einen faszinierenden Kontrast zur Halbwüste der Kleinen Karoo. Wildreiche Parks erwarten Besucher bei Port Elizabeth.

Kaum ein Besucher Südafrikas wird sich die malerische Garden Route von Mossel Bay bis zum Tsitsikamma National Park entgehen lassen, zu verlockend sind die dichten Wälder, die kleinen Seen, steilen Küsten und langen Sandstrände. Wem die Küstenroute entlang der N 2 zu sehr befahren ist, dem bieten sich zahlreiche Möglichkeiten für Abstecher ins Landesinnere. So wartet hinter den »Blauen Bergen« die unendliche Weite der trockenen, einsamen Halbwüste der Kleinen Karoo. In Oudtshoorn kann man sich auf einer der zahlreichen Farmen mit der Straußenzucht vertraut machen und sich im riesigen Höhlensystem der nahen Cango Caves verlieren.

Unvergesslich bleiben die Ausblicke von der spektakulären Swartberg-Passstraße auf die bizarre Berglandschaft oder die Fahrt durch die enge Schlucht bei De Rust mit beeindruckenden Felsformationen. Höhepunkte im Hinterland der Hafenstadt Port Elizabeth sind wildreiche Tierparks wie der Addo Elephant und der Mountain Zebra Park. Geschichtsträchtig wird es gegen Osten: In Grahamstown sind die Spuren der britischen Einwanderer noch deutlich zu sehen, entlang des Great Fish River liegen die historischen Schlachtfelder. Mit schönen Sandstränden warten die Orte an der Küste, wie z. B. Kei Mouth, auf. Port Alfred gilt als Surferparadies.

Touren in der Region

Garden Route und Kleine Karoo 🔴

Route: Port Elizabeth › Tsitsikamma N. P. › Plettenberg Bay › Knysna › Wilderness National Park › Mossel Bay › Oudtshoorn › Cango Caves › Swartberg Pass › Prince Albert › Karoo National Park › Port Elizabeth

Karte: Seite 86
Dauer und Länge: 6 Tage, ca. 1030 km
Praktische Hinweise:
• Übernachtungen in kleineren Orten vorher reservieren, Campingplätze und Hotels an der Garden Route, v. a. um Weihnachten, weit voraus.
• Bei Regen ist die Schotterstraße über den Swartberg Pass nicht mit Pkw befahrbar.

Tour-Start:

Zwischen **Port Elizabeth/Nelson Mandela Bay** › S. 82 und **Mossel Bay** 8 › S. 89 verläuft die malerische Garden Route. Nach einem Tag an den sicheren Stadtstränden von Port Elizabeth geht es in westlicher Richtung in die wilde, stürmische Landschaft des **Tsitsikamma National Park** 3 › S. 84. Hier kann man gut und gern einen Tag in einer der gemütlichen Holzhütten direkt hinter der Felsenküste verbringen. Plett, wie **Plettenberg Bay** 4 › S. 85 kurz genannt wird, besticht mit einer breiten, lang gezogenen Sandbucht.

Wunderschön unterhalb der Küstenbergkette liegt **Knysna** 5 › S. 87 an einer Lagune mit zwei hohen Sandsteinkliffs am Eingang. Nicht nur Austernliebhaber sollten hier einen Stopp einlegen, denn die Hotellerie bietet viel Auswahl. Zahlreiche Wanderwege durch Strand-, Dünen- und Flusslandschaften oder eine Kanutour locken im **Wilderness National Park** 6 › S. 88.

George 7 › S. 88 liegt zu Füßen der Outeniqua-Berge und ist der Hauptort der Gartenroute. Wer einmal in einer der typischen Strohhütten schlafen möchte, sollte in **Mossel Bay** 8 › S. 89 Station machen. Hier liegt auch die Karavelle von Bartholomeu Diaz, der als erster Europäer die Südküste betrat.

Oudtshoorn 9 › S. 89 in der wüstenhaften Kleinen Karoo lebt seit mehr als hundert Jahren von der Straußenzucht. Um eine der Straußenfarmen zu besuchen, legt man am besten einen Stopp ein. Die **Can-go Caves** 10 › S. 90 gehören zu den größten und ausgedehntesten Tropfsteinhöhlen der Welt.

Nach der spannenden Fahrt über den spektakulären **Swartberg Pass** 11 › S. 91 ist eine Pause mit Übernachtung in der Oase **Prince Albert** 12 › S. 91 willkommen. Alle Anhänger wilder und einsamer Berglandschaften sollten noch einen Ausflug in den **Karoo National Park** 13 › S. 91 einplanen, bevor sie wieder in die Zivilisation an der Küste zurückkehren.

Elefanten und Bergzebras

Route: Port Elizabeth › Addo Elephant N.P. › Grahamstown › Port Alfred › East London › Kei Mouth › Mountain Zebra N.P. › Graaff-Reinet › Port Elizabeth

Karte: Seite 87

Dauer und Länge: 5–6 Tage, ca. 1270 km

Praktische Tipps:

- Unterkünfte im vielbesuchten Addo Elephant Park sehr rechtzeitig vorbuchen, v.a. für die Wochenenden und die Schulferien. Während des National Festival of Arts im Juni/Juli ist in Grahamstown alles ausgebucht!

- Die Entfernungen zwischen den einzelnen Orten sind z.T. recht groß, deshalb sollte man rechtzeitig nach einer Unterkunft schauen.

- Mietwagenfirmen sind am Flughafen Port Elizabeth vertreten.

Tour-Start:

Elefanten wird man im **Addo Elephant National Park** **2** › S. 84 ziemlich sicher zu Gesicht bekommen – neben vielen anderen Tieren, darunter auch die »Big Five«. Auf alle Fälle sollte man eine Nacht im Park verbringen, um die Tiere an den abends beleuchteten Wasserlöchern zu erleben. Wer sich für viktorianische Architektur interessiert, kommt an **Grahamstown** **16** › S. 92 nicht vorbei. Bei **Port Alfred** **17** › S. 93 oder **Kei Mouth** **19** › S. 93 laden weite Sandstrände zu Wassersport und Spaziergängen ein, in beiden Orten lohnt es sich zu bleiben. Nicht so leicht kann man die seltenen Bergzebras im gebirgigen **Mountain Zebra National Park** **15** › S. 92 beobachten, dafür ist hier eine Safari zu Pferd ein besonderes Abenteuer. Dazu mindestens eine Übernachtung im nahen Ort Cradock buchen!

Das Schatzkästchen der Karoo, **Graaff-Reinet** **14** › S. 91, schmückt sich mit vielen architektonischen Perlen. In der Innenstadt stehen allein 200 Gebäude im kapholländischen Stil unter Denkmalschutz, Grund genug für einen Aufenthalt mit Übernachtung. Zum Abschluss kann man an den Stadtstränden von **Port Elizabeth** **1** › S. 82 noch einmal schwimmen und surfen.

Wichtige Adresse

Regionales Touristeninformationszentrum Garden Route & Klein Karoo
• 124 York St. | George
Tel. 044/801 9299
www.georgetourism.org.za

Unterwegs im Süden

Port Elizabeth/ Nelson Mandela Bay **1** [F8]

Das »Detroit Südafrikas« ist Zentrum der Autoindustrie. Dank der schönen Strände verdienen die fast 1 Mio. Einwohner auch mit dem Tourismus gut, **Pollock Beach** z. B. ist ein Surfer-Paradies. Schon 1799 errichteten die Briten das Fort Frederick. 1820 siedelten sich 4000 britische Siedler an.

Im Zentrum hat die »friendly city« ihr historisches Gesicht bewahrt. Ein guter Ausgangspunkt für eine Stadtbesichtigung ist der 52 m hohe **Campanile** am Hafen, 1923 zu Ehren der ersten Siedler erbaut. Von oben bietet sich ein toller Rundblick über Stadt und Küste (derzeit wg. Renovierung geschl.). Den **Market Square,** auf dem Sonntag morgens ein Flohmarkt stattfindet, dominiert das prächtige **Rathaus** (1858).

Am Hang eines Hügels oberhalb der Algoa Bay ließ der Vizegouverneur am Kap, Sir Donkin, 1820 den Botanischen Garten **Donkin Reserve** anlegen. In dessen **Leuchtturm** (1861) befindet sich das Büro der

Tourismusinformation. Nördlich des Botanischen Gartens schließt sich die **Donkin Street** mit schönen Gebäuden an, die zwischen 1860 und 1870 erbaut wurden.

Den Erlebniskomplex **Bayworld** mit **Oceanarium, Snake Park** und **Museum** an der Beach Road, 3 km südlich des Zentrums, sollte man sich nicht entgehen lassen. Das Oceanarium zeigt die Fischwelt der Algo Bay, Delfine, Seehunde und den gefährdeten Afrikanischen Pinguin. Nebenan sind Schlangen und exotische Vögel zu sehen, im Kindermuseum darf alles angefasst werden (tgl. 9–16.30 Uhr, www.bayworld.co.za).

Bereits mehrere internationale Architekturauszeichnungen konnte das **Red Location Museum** mitten in der Township New Brighton erlangen. Es dokumentiert zum einen den Kampf gegen die Apartheid, zum anderen dient es als Mittelpunkt des öffentlichen Lebens in dem Stadtviertel (Olof Palme/Singaphi St., New Brighton, www.freewebs.com/redlocationmuseum, derzeit geschl.).

Im **Nelson Mandela Metropolitan Art Museum** werden Kunstwerke aus dem 19. und 20. Jh. ausgestellt (1 Park Drive, Mo–Fr 9–17 Uhr, Tel. 041/506 2000, www.artmuseum.co.za).

Info

Port Elizabeth Visitor Info Center
Mo–Fr 8–16.30, Sa, So 9.30 bis 15.30 Uhr
• Donkin Reserve | Tel. 041/585 8884
www.nmbt.co.za

Blick auf Port Elizabeth

Verkehr

• **Flughafen** › **S. 26**: Verbindungen nach George und East London.
• **Bus- und Bahn:** Vom Bahn- und Busbahnhof (Settlersway) starten Züge und Überlandbusse entlang der Garden Route. Minibusse starten an der Strand Street unter der M4.
• **Schiffstouren:** Ab Tug Jetty starten Hafenrundfahrten, Sunset Cruises und Ausflüge zur Insel Santa Cruz.

Hotels

The Humewood €€
Angenehmes Haus mit 70 Zimmern nahe dem King's Beach.
• 33 Beach Road | Tel. 041/585 8961
www.humewoodhotel.co.za

Summerstrand €€
Groß und modern mit guter Küche, Pool, Tennis.
• Marine Drive | Summerstrand
Tel. 041/583 3131
http://summerstrandhotel.com

Restaurant

Sandpiper €€

Beliebtes Strandrestaurant mit üppigem Büfett, So Lunch.

- 33 Beach Rd. (im Humewood Hotel) Humewood | Tel. 041/585 8961 Tgl. 18.30–21.30 Uhr

Ausflug: Addo Elephant National Park 2 ★ [F7]

In dem 164 000 ha großen malaria-freien Nationalpark (www.san parks.org/parks/addo), ca. 70 km nördlich von Port Elizabeth, lassen sich außer den berühmten Kapelefanten auch Spitzmaulnashörner, Büffel, Elanantilopen, Kudus, Löwen, Geparde, Flusspferde und Leoparden beobachten. Die Parkteile Darlington, Kabouga, Zuurberg Section, Main Game Area sowie Colchester und Woody Cape Section an der Küste umfassen fünf von sieben Ökozonen (Biomen) Südafrikas. Der Park wird derzeit erweitert, die Urwälder und Küstendünen bei Alexandria sowie der vorgelagerte marine Lebensraum mit den St. Croix und Bird Islands wurden bereits in das Schutzgebiet miteinbezogen. Sehenswert sind die einsamen Sanddünenstrände und Wälder in der Woody Cape Section bei Alexandria (Wanderungen).

An der Garden Route 6

Tsitsikamma National Park 3 [E8]

Über die eindrucksvolle, 190 m lange **Storms River Bridge,** die in 130 m Höhe über dem Fluss zu schweben scheint, gelangt man in den Park, der Teil des Garden Route National Park ist. Dichte Gelb- und Stinkholzwälder reichen bis zum Meer hinunter. Den besten Eindruck von

---

Rettung der Kapelefanten

Die weißen Bewohner Südafrikas hatten um 1900 die Elefanten südlich des Vaal-Flusses schon beinahe ausgerottet. Einige große Herden zogen sich in die Gegend nördlich von Port Elizabeth zurück, in der aber mittlerweile viele Farmer lebten. Da die Dickhäuter ihre Felder ruinierten, waren sie bald ihres Lebens nicht sicher. Der Großwildjäger Pretorius schoss nach dem Ersten Weltkrieg in einem Jahr an die 130 Elefanten; nur 16 überlebten. Diese letzten Kapelefanten waren Menschen gegenüber höchst aggressiv. Buchstäblich fünf Minuten vor zwölf wurde die »Hölle des Jägers« 1931 zum **Addo Elephant National Park** erklärt. Es dauerte jedoch Jahrzehnte, bis die Elefanten sich an Menschen gewöhnten und eine neue Generation heranwuchs. Heute leben auf einer Fläche von 1800 km² rund 600 Elefanten. Kein anderes Reservat in Küstennähe beherbergt eine größere Anzahl der Dickhäuter und nirgendwo sind sie leichter zu beobachten. Seit 2005 sind sämtliche »Big Five« zurück, dazu Kapbüffel und viele Antilopenarten.

Der Tsitsikamma National Park umfasst einen Küstenstreifen und Wälder

der wilden Küstenlandschaft erhält man auf dem berühmten **Otter Trail**, der auf 42 km Länge von Storms River bis zum Nature's Valley führt.

Pro Tag sind maximal zwölf Wanderer im Alter von 12 bis 65 Jahren zugelassen, eine Genehmigung für die anstrengende, fünftägige Tour muss schon ein Jahr im Voraus eingeholt werden (Tel. 012/426 5111).

Die ersten 3 km bis zu einem Wasserfall darf man auch ohne Erlaubnisschein begehen, ebenso den kürzeren Plankenweg zur Mündung des Storms River. Die Hängebrücke über die Schlucht ist zwar an dicken Stahlseilen befestigt, schaukelt aber etwas beängstigend. Unten vermischt sich die Brandung des Meeres mit dem Wasser des Flusses.

Geübte Schnorchler können sich auf einem Unterwasserlehrpfad über die Meeresflora und -fauna informieren (www.untouchedadventures.com). **50 Dinge** ② › S. 12.

Unterkunft

Selbstversorgerhütten, Ferienwohnungen und Campingplatz im **Storms River Mouth Rest Camp.** Im Park stehen Hütten zur Verfügung. Reservierung über die Parkverwaltung in Storms River, Tel. 042/281 1607, www.sanparks.org.

Plettenberg Bay 4 [E8]

»Plett« ist einer der beliebtesten Badeorte an der Garden Route – und einer der vornehmsten, wie die vielen Luxusferienhäuser zeigen. Makellose Sandstrände begrenzen die weite Nehrung. Der portugiesische Seefahrer da Perestrelo taufte den

Ort mit Recht Bahia Formosa – schöne Bucht. Über Weihnachten/Neujahr sind die Hotels hoffnungslos ausgebucht. Von Juli bis November kommen so wie bei Hermanus › S. 73 Wale auch hier nahe an die Küste, **Lookout Beach** ist ein guter Beobachtungspunkt.

17 km westlich des Ortes weist ein Schild den Weg zum **Big Tree.** Dieser »Groote Boom« ist ein gigantischer Gelbholzbaum von 37 m Höhe, der stolze 800 Jahre zählt. Ein kleiner Rundweg führt durch dichten Wald mit Farnen und umgestürzten Bäumen zum Big Tree.

Hotels

Plettenberg Park Hotel & Spa €€€
Direkt über der Bucht gelegen, luxuriöse Zimmer, Pool, hervorragende Küche. Bootsausflüge, Ausritte und Angeln werden angeboten.
• 4 Robberg Road
  Tel. 044/533 9067
  www.plettenbergpark.co.za

Starfish Guestlodge €€
Lodge mit nur 4 Zimmern (B & B) zwei Gehminuten vom Robberg Strand.
• 17 Cordovan Crescent
  Tel. 044/533 1345
  www.starfishlodge.co.za

Touren im Süden

Tour ⑤ **Garden Route und Kleine Karoo** › S. 80
Port Elizabeth › Tsitsikamma National Park › Plettenberg Bay › Knysna › Mossel Bay › Oudtshoorn › Swartberg Pass › Prince Albert › Prince Alfred's Pass › Port Elizabeth

Knysna 5 ⭐ [E8]

Die 50 000 Einwohner der reizvollsten Stadt an der Gartenroute leben von der Holzindustrie und der Austernzucht. Zwei gewaltige Felsvorsprünge, die **Heads of Knysna,** überragen den Ort und schützen ihn vor dem stürmischen Ozean – eine herrliche Kulisse, insbesondere bei Sonnenuntergang.

Hinter der Lagune erstrecken sich kilometerlange Traumstrände, östlich beginnt der Sandstrand von **Noetzie.** Das Restaurantschiff »John Benn« kreuzt zwischen den Knysna Heads (1,5 Std., Abfahrten 12.30,

18 Uhr, im Winter 17 Uhr ab Waterfront Quays, Tel. 044/382 1693). Spektakulär ist auch eine Lunch- oder Dinnerfahrt in der Lagune auf Südafrikas einzigem **Schaufelraddampfer** (Abfahrt ab Featherbed Ferry Terminus, tgl. 13, 18.15 Uhr (im Winter 17.45 Uhr), Tel. 044/382 1693, www.featherbed.co.za). **50 Dinge** ⑫ › S. 13.

Info

Knysna Tourist Information
Mo–Fr 8–17, Sa 8.30–13 Uhr
• 40 Main Road | Tel. 044/382 5510
www.visitknysna.co.za

Hotels

Knysna Hollow Country Estate €€€
! Schöne Zimmer und Chalets in einem
Garten mit Pool an der Lagune.
• 5 Welbedacht Lane | Tel. 044/382 5401
www.knysnahollow.co.za

Falcons View Manor €€
Auf einem Hügel mit tollem Blick über
die Lagune, Boutiquehotel mit Einrichtung in englischem Stil, Pool, Restaurant.
• 2 Thesen Hill | Tel. 044/382 6767
www.falconsview.com

Brenton-on-Sea-Chalets €–€€
Direkt am Meer, Holzhäuschen, Chalets
(z.T. mit Küche), Zimmer.
• Swart Drive | Tel. 044/381 0082
www.brentononsea.net

Restaurants

Dry Dock Food Co. €
Täglich Lunch und Dinner mit Seafood,
Salaten, Pasta und Vegetarischem.
• Knysna Quays | Tel. 044/382 7310
www.drydock.co.za

Leuchtturm in Mossel Bay

Freshline Fisheries €
Fisch direkt vom Boot in entspannt-
rustikaler Atmosphäre, kein Wein.
• Railway Siding Dockyard
Tel. 044/382 3131
www.freshlinefisheries.co.za

Shopping

An der Maine Street steht das **Wood-
mill Lane Shopping Centre** mit Restaurants und Souvenirs, z. B. Holzvögel
von »Feathers of Knysna«, Batikarbeiten
und Schmuck (Mo–Fr 8.30–17, Sa, So
bis 13 Uhr, www.woodmillane.co.za).

Wilderness National Park 6 [E8]

Wilderness ist ein beliebter Bade-
und Erholungsort mit feinem Sandstrand. Der gleichnamige, 2 500 ha
große Nationalpark erstreckt sich
von der Mündung des Trouw River
bis nach Sedgefield. An den Flussmündungen und in den Seen hinter
der Lagune mit einem Gemisch aus
Salz- und Süßwasser hat sich eine
artenreiche Flora und Fauna entwickelt. Auf einer Wanderung oder
einer Kanutour lassen sich viele
Wasservögel beobachten. In Holzbungalows oder auf Campingplatz
kann man übernachten.

Hotel

Fairy Knowe Hotel €€
Angenehmes Haus direkt am Fluss, Pool,
Restaurant.
• Dumbleton Road | Tel. 044/877 1100

George 7 [E8]

Die Hauptstadt der Gartenroute
(140 000 Einw.) liegt schön am
Rand der bis zu 1590 m hohen Ou-

teniqua Mountains. Einst kettete man zum Verkauf stehende Sklaven an der Eiche von 1812 in der York Street an. Hübsche Holzarbeiten zieren die 1842 erbaute Niederländisch-Reformierte Kirche **St. Peter and St. Paul.**

Das **Outeniqua Transport Museum** (Mo–Fr 8–16.30, Sa 8–14 Uhr, www.outeniquachootjoe.co.za) dokumentiert die Geschichte der südafrikanischen Eisenbahn u. a. mit 13 Dampflokomotiven und vielen Waggons. Die kleine Bergbahn **Outeniqua Power Van** startet täglich zu einer abwechsungsreichen Fahrt vom Museum zum Montagu Pass (ca. 3–5 Std., min. 20 Pers., Tel. 044/801 8239 oder 082/490 5627).

Mossel Bay 8 [E8]

Das Städtchen gilt als westlichster Punkt der Garden Route. Schon ab 1501 nutzte man den alten **Postbaum,** um Briefe zu hinterlegen. Der heute täglich geleerte Briefkasten hat die Form eines alten Stiefels. Mit diesem Signum wird die Post auch abgestempelt.

Gegenüber liegt der **Bartholomeu Diaz Museum Complex.** Im Maritime Museum kann man das 23 m lange Schiff, mit dem Diaz zum Kap segelte, aus der Nähe betrachten. Es wurde 1988, zum 500. Jahrestag, in Portugal nachgebaut und wiederholte die historische Reise. Zum Museumskomplex gehören das Natural History Museum und das Shell Museum mit einer großen Muschelsammlung (Mo–Fr 9–16.45, Sa, So bis 15.45 Uhr, www.diasmuseum.co.za). **50 Dinge** ⑦ › S. 12.

Info
Mossel Bay Tourism
• Market/Church St. | Tel. 044/691 2202
  www.visitmosselbay.co.za

Übernachtung
Avenues Guesthouse €€
Ruhiges, familiäres Gästehaus mit sechs Zimmern (ein Familienzimmer), Pool und sicherem Parkplatz.
• 23 21st Ave. | Tel. 044/691 1097
  www.avenues-guesthouse.com

Restaurant
Café Gannet €€
Sehr gute Seafood-Küche mit fanstastischem Blick übers Meer.
• 1 Market Street | Tel. 044/691 3738
  www.oldposttree.co.za

Swartberge und Kleine Karoo

Oudtshoorn 9 [E8]

Im Weltzentrum der Straußenzucht verdienten die erfolgreichen Züchter bis zum Ersten Weltkrieg ein Vermögen mit Straußenfedern, ihre viktorianisch inspirierten Villen, die »Federpaläste«, sind noch in der Stadt und auf einigen Farmen zu bewundern. Nach Jahrzehnten der Stagnation ist das Geschäft mit Straußen jetzt wieder in Gang gekommen. Das cholesterinarme rote Fleisch ist mittlerweile weltweit auf den Speisekarten der Feinschmeckerlokale zu finden. Das genarbte Straußenleder steht für Schuhe und Taschen hoch im Kurs. Im **C. P. Nel Museum** (3 Baron van Rheede St., www.cpnelmuseum.co.za) erfährt

Fast dämonisch wirkt dieses verzierte Straußenei

man alles über die Geschichte der Straußenzucht (Mo–Fr 8–17 Uhr, Sa 9–13 Uhr). **50 Dinge** ⑳ › **S. 16.**

Einige Straußenfarmen in der Umgebung bieten Führungen an, etwa die **Safari Ostrich Farm,** Tel. 044/272 7312, www.safariostrich.co.za, außerhalb an der R 328 Richtung Mossel Bay; 30 km weiter nördlich, am Weg zu den Cango Caves, kann man die **Cango Ostrich Farm,** Tel. 044/272 4623, www.cangoostrich.co.za, besuchen.

Info

Oudtshoorn Tourist Bureau
Mo–Fr 8–17 Uhr, Sa 8–12 Uhr.
• 80 Voortrekker St.
Tel. 044/279 2532
www.oudtshoorn.com

Hotels

Adley House €€
Prächtiges Stadthaus aus der goldenen viktorianischen Zeit, 1905 während des Straußenfeder-Booms gebaut. 14 große Zimmer, zwei Pools im Garten, Dinner auf Wunsch.
• 209 Jan van Ribeeck Road
Tel. 044/272 4533
www.adleyhouse.co.za

De Opstal €€
Landhausatmosphäre auf dem Gelände einer alten Farm, mit Pool.
• Schoemanshoek Valley (12 km nördl. in Richtung Cango Caves)
Tel. 044/279 2954
www.deopstal.co.za

Montana Guest Farm €€
Absolute Ruhe, herrlicher Garten, luxuriöse Zimmer, ausgezeichnete Küche, deutsche Leitung; eine der schönsten Farmen des Landes.
• Schoemanshoek Valley (14 km Richtung Cangoo Caves)
Tel. 044/272 7774
www.montanaguestfarm.co.za

Restaurant

Jemima's €€
Familiäres Lokal; Strauß, Karoolamm und Forelle. **50 Dinge** ⑰ › **S. 14.**
• 94 Baron van Reede St.
Tel. 044/272 0808

Cango Caves ⑩ ⭐ [E7]

Die einzigartigen Tropfsteinhöhlen haben sich in Jahrmillionen zu einem Kunstwerk aus Kalkstein entwickelt. Von den drei bisher entdeckten Höhlensystemen ist nur eines für Touristen zugänglich. Die großen »Hallen« im vorderen Teil sind leicht zu erreichen, im hinteren Teil wird die Luft immer dünner und die Gänge werden immer schmaler. Führungen als Standard- (1 Std., 9–16 Uhr) oder Abenteuertour (1,5 Std., 9.30–15.30 Uhr, www.cangoostrich.co.za).

Swartberg Pass **11** [D7] und Prince Albert **12** [D7]

In Serpentinen schlängelt sich die Straße durch die schroffen Swartberge. Nach 25 km erreicht die Piste den **Swartberg Pass** (1585 m), der 1888 eröffnet wurde. Diese Strecke zählt zu den spektakulärsten im Land. **50 Dinge** ③ › **S. 12.**

In eine andere Welt versetzt fühlt man sich in der grünen Oase **Prince Albert**. In dem charmanten Städtchen mit historischen Häusern laufen noch Hühner und Gänse auf der Straße herum, Aussteiger genießen die ruhige Atmosphäre.

Hotel

De Bergkant Lodge €€
Historisches Gebäude im kapholländischen Stil: acht große Zimmer mit Riesen-Bädern, Pool und Wellness-Service. Außerdem zwei Gartenhäuschen.
• 5 Church Street | Prince Albert
  Tel. 023/541 1088
  www.debergkant.co.za

Restaurant

Café Albert Gallery €
Treffpunkt für Touristen und Locals zum Abendessen in eleganter Atmosphäre.
• 57 Church Street | Tel. 023/119 7541

Ausflug zum Karoo National Park **13** [E7]

Rund 160 km nordöstlich von Prince Albert schützt der Karoo Nationalpark eine teils wilde Berg-

landschaft samt der typischen Tier- und Pflanzenwelt. Die grasigen Ebenen und bizarren Tafelberge sind Heimat von Springböcken, Kudus, Wildkatzen, Bergzebras, Spitzmaulnashörnern und der geometrischen Schildkröte. Restcamp mit Chalets und Campingplatz (www.sanparks.org/parks/karoo).

Graaff-Reinet **14** ⭐ [F7]

Cornelis Jacob van der Graaf, einer der letzten Gouverneure der Holländisch-Ostindischen Gesellschaft, gründete 1786 die Stadt. Ihre rund 250 restaurierten Häuser im kapholländischen oder viktorianischen Stil und die neugotische **Groote Keerk** prägen das Stadtbild. Das **Reinet House** zeigt Alltagsgegenstände aus dem 18. und 19. Jh.

Gleich hinter Graaf-Reinet beginnt der **Camdeboo National Park.** Auf dem vegetationsarmen, trockenen Hochplateau der Großen Karoo wurden u. a. die seltenen Bergzebras wieder heimisch. Im Westen öffnet sich das **Valley of Desolation** (Tal der Einsamkeit), eingerahmt von eindrucksvollen Felsformationen. Die bizarren Türme und Säulen sind ein Werk der Erosion.

Hotel

Villa Reinet €€
Geräumige Zimmer in einem alten Haus, neue Cottages im Garten, nette Besitzer.
• 83 Summerset Street
  Tel. 049/892 5525
  www.villareinet.co.za

Restaurant

The Coldstream € €

Am Hauptplatz wird feinste Karooküche und Pizza serviert, entweder elegant im Gastraum oder rustikal im Garten.

• 3 Church Street | Tel. 049/891 1181

Mountain Zebra National Park 15 [F7]

Nahe des hübschen Städtchens Cradock biegt man zum Mountain Zebra-Nationalpark ab. Er beherbergt etwa 700 der seltenen Bergzebras. Dieses unterscheidet sich von seinen Artgenossen in der ostafrikanischen Savanne durch eine kleinere Statur, eine rotbraune Nase, einen weißen Bauch und das Fehlen von Schattenstreifen. Sehr lohnend ist eine Wanderung durch den Park, in dem auch Springböcke, Kudus und Paviane leben (www.sanparks.org/parks/mountain_zebra).

Hotel und Restaurant

Die Tuishuise € €

Ensemble aus 30 restaurierten Cottages an der Market Street mit Veranden, Holzdielen, Möbeln aus dem frühen 19. Jh., ausgezeichnetes Restaurant.

• 36 Market St. | Cradock
  Tel. 048/881 1322
  www.tuishuise.co.za

Grahamstown 16 [G7]

Mit einer stattlichen Anzahl schöner Gebäude aus viktorianischer Zeit und nicht weniger als 40 Kirchen wartet Grahamstown auf. Das Tor der ehemaligen **Drostdy,** der Residenz des holländischen Landvogts, schmückt jetzt den Eingang zur Rhodes-Universität. Die Gegend war einst ein umstrittenes Siedlungsgebiet und Schauplatz etlicher Auseinandersetzungen zwischen den weißen Siedlern und den einheimischen Xhosa.

Typisch für Bergzebras sind der weiße Bauch und eine rotbraune Nase

Port Alfred 17 [G8]

Der Ferienort an der Sunshine Coast ist wegen der langen Sandstrände beliebt. Schwimmen, Tauchen, Angeln und Kanufahren stehen hier an der Tagesordnung.

Hotel

The Halyards Hotel €€
Gehobenes Niveau, schöne Architektur und nautischer Look.
• Alfred Marina | Port Alfred
Tel. 0861/74 8374
www.riverhotels.co.za

East London/ Buffalo City 18 [G7]

Die Stadt (260 000 Einw.) besitzt an der Mündung des Buffalo River den einzigen Flusshafen des Landes. Im **East London Museum**, Oxford St., sind vor allem die Sammlungen zu Seefahrtsgeschichte und Meeresbiologie interessant (Mo–Fr 9.30–16 Uhr). Am Ende der Fleet Street beginnt die Küstenstraße Esplanade mit Hotels, Restaurants und Stränden. Im **Aquarium** (tgl. 9–17 Uhr) kann man Brillenpinguinen zuschauen; um 11.30 und 15.30 Uhr zeigen Seehunde ihre Künste. Gegenüber erhebt sich das **German Settler's Memorial** zur Erinnerung an die Besiedlung durch deutsche Söldner in den 1850er-Jahren.

In der Nähe liegen viele schöne Sandstrände, z. B. **Nahoon Beach/Bacon Bay** 5 km nördlich oder **Shelly Beach** 5 km südlich. Flutlicht beleuchtet abends den **Eastern Beach**.

Hotels

Hampton Court €€
Charmante Villa aus den 1920er-Jahren mit nur 9 Zimmern, etwas oberhalb vom Strand, freundliche Gastgeber.
• 2 Marine Drive | Tel. 043/722 7924
http://thehampton.co.za

Garden Court East London €€
Gutes, großes Hotel, nur 50 m vom Eastern Beach entfernt.
• John Baillie/Moore St.
Tel. 043/722 7260
www.tsogosun.com

Restaurant

Grazia Fine Food & Wine €€
Kühles Ambiente, Meerblick von drinnen und der großen Terrasse, leckere Fischküche und burische Standards.
• Upper Esplanade St., Quigney
Tel. 043/722 2009
www.graziafinefood.co.za

Kei Mouth 19 [H7]

Der kleine Ort an der Mündung des Kei River markiert das Ende der Wild Coast › **S. 113**. Über den Fluss pendelt bei ausreichendem Wasserstand eine Ponton-Fähre. Lange Strände locken viele Badeurlauber nach Kei Mouth.

Hotel

Trennerys €€–€€€
Von den Chalets mit zwei Zimmern bieten einige Meerblick; die Anlage ist kinderfreundlich hat einen Pool und eine tolle Lage nahe des Strandes.
• wenig nördlich in Qolora Mouth
Tel. 047/498 0025
www.trennerys.co.za

JOHANNES-BURG UND DER OSTEN

Kleine Inspiration

- **Den Duft des Orients verspüren** in der Oriental Plaza in Johannesburg › S. 103
- **Indische Küche in Durban probieren**, z. B. im Restaurant Kaschmir im Vorort Umhlanga Rocks › S. 112
- **Krokodile und Nilpferde beobachten** auf einer Bootsfahrt auf dem Mpate River › S. 116

Karte
S. 97

In den Drakensbergen explodiert förmlich die Natur, im Zululand wurde Geschichte geschrieben und bei Durban lockt der warme Indische Ozean. Hier liegen auch einige der schönsten Wildparks Südafrikas.

Der Osten hat eine unglaublich große Vielfalt an Kultur- und Naturerlebnissen zu bieten. So ballen sich in Johannesburg Museen, Theater, Galerien und Jazzlokale. Weiter östlich liegen die schönsten und spektakulärsten Wildparks Südafrikas: das Ithala Game Reserve oder der Hluhluwe-Umfolozi National Park, in dem man neben den »Big Five« mehr Nashörner als in irgendeinem anderen Park Südafrikas sehen kann.

Gut erschlossen für Besucher sind die am Indischen Ozean gelegenen Orte Sodwana Bay und St. Lucia. Hier ist der iSimangaliso Wetland Park, ein Feuchtgebiet mit einmaligem Artenreichtum, ein absoluter Höhepunkt.

Die Hafenstadt Durban/eThekwini sowie ihre Nord- und Südküste sind besonders bei Einheimischen ein beliebtes Urlaubsziel. Einsamer geht es in Port St. John's und Coffee Bay an der Wild Coast zu, hier sind Angler und Hochseefischer richtig.

Aufregende Gebirgslandschaften warten im uKhahlamba-Drakensbergpark an der Grenze zum Königreich Lesotho auf Wanderer und Naturliebhaber.

Touren in der Region

Tour 7 Land der Zulu

Route: Johannesburg › Ithala Game Reserve › Hluhluwe-Umfolozi National Park › iSimangaliso Wetland Park › St. Lucia › Battlefield Route › Pietermaritzburg › Weenen Nature Reserve › Johannesburg

Karte: Seite 96
Dauer und Länge: 7 Tage (mit Johannesburg 9 Tage), ca. 1600 km

Bergwelt im Royal Natal National Park

Praktische Hinweise:
- Für die Rundfahrt nehmen Sie einen Mietwagen.
- Achten Sie in den Wildschutzgebieten auf die Öffnungszeiten der Tore, oft werden die Entfernungen unterschätzt.
- Malaria-Prophylaxe ist meistens erforderlich.

Tour-Start:

Nach zwei Tagen im hektischen **Johannesburg** 1 › S. 99 findet man Ruhe in der hügelig-schönen Land-

Karte
S. 97

schaft des **Ithala Game Reserve** 19
› S. 116. Gleich danach folgt ein
weiteres Highlight, das **Hluhluwe-
Umfolozi National Park** 18 › S. 116
mit seinen vielen Nashörnern. Einzigartig ist die dschungelähnliche
Tropenlandschaft des **iSimangaliso
Wetland Parks** 17 › S. 115. In **St. Lucia** starten Flussfahrten in das herrliche Seensystem mit Krokodilen,
Flusspferden und Flamingos; ein
Paradies für Angler sind die Strände
von **Cape Vidal**. In allen Parks und
Reservaten lohnt eine Übernachtung. Entlang der **Battlefield Route**
bei Dundee 15 › S. 114 durch das
Land der Zulu passiert man die bedeutendsten Schlachtfelder, die an
die Kämpfe zwischen Zulu, Briten
und Buren erinnern. Britisches Flair
versprüht **Pietermaritzburg/Msundu-
zi** 8 › S. 109. Eine letzte Übernachtung bietet sich im **Weenen Nature
Reserve** 7 › S. 108 an.

Touren im Osten

Tour

Land der Zulu › S. 95

Johannesburg › Ithala Game Reserve › Hluhlu-
we-Umfolozi Nat. Park › St. Lucia › Battlefield
Route › Pietermaritzburg › Weenen Nature
Reserve › Johannesburg

Tour

Zum »Barrier of the Spears« › S. 98

Johannesburg › Golden Gate Nat. Park › Royal
Natal Nat. Park › Cathedral Peak › Giant's Castle
Game Reserve › Johannesburg

Tour

Von Durban zur Wild Coast › S. 98

Durban › Port Shepstone › Port St. John's › Coffee Bay › Umtata › Oribi Gorge Nature Reserve ›
Durban

Zum »Barrier of the Spears«

Route: Johannesburg › Golden Gate N.P. › Royal Natal N.P. › Cathedral Peak › Giant's Castle Game Reserve › Johannesburg

Karte: Seite 97
Dauer und Länge: 5 Tage, ca. 1300 km
Praktische Hinweise:

- Die Anfahrten per Mietwagen zu den Parks in den Drakensbergen dauern in der Regel länger, als der Blick auf die Karte vermuten lässt.
- Bei schlechtem Wetter vorab beim Automobilclub (0861/000 234, www.aa.co.za) Erkundigungen zum Zustand der Pisten einholen.
- Übernachtungen in den Bergen sollten Sie im Voraus buchen.

Tour-Start:

Die Drakensberge werden auch als Barrier of the Spears (Wall der erhobenen Speere) bezeichnet: Bis knapp 3500 m ragen die Gipfel in den Himmel, und die extremer Verwitterung schuf tiefe Spalten und Schluchten in den steilen Hängen. Die bizarre Bergwelt steht heute in Reservaten unter Schutz, zahlreiche Wanderwege erschließen die herrliche Landschaft. Von der N 3, die **Johannesburg** **1** › S. 99 mit Durban verbindet, führen immer wieder Stichstraßen zu den einzelnen Naturreservaten im nördlichen, zentralen und südlichen Teil der uKhahlamba-Drakensberge. Planen

Sie in jedem Park mindestens eine Übernachtung ein.

Den nördlichen Auftakt der Tour bildet der **Golden Gate National Park** **2** › S. 106, der seinen Namen von den in der Sonne golden glänzenden Sandsteinfelsen erhielt. Der **Royal Natal National Park** **3** › S. 107 besticht mit einer 5 km langen, steil abfallenden Basaltwand, dem Amphitheater. Im **Giant's Castle Game Reserve** **5** › S. 107 nutzen Sie mindestens eine der vielen Wandermöglichkeiten zu Höhlen mit über 5000 Zeichnungen der San.

 # Von Durban zur Wild Coast

Route: Durban › Port Shepstone › Port St. John's › Coffee Bay › Um-tata › Oribi Gorge Nature Re-serve › Durban

Karte: Seite 97
Dauer und Länge: 5 Tage, ca. 850 km
Praktische Hinweise:

- Die gut ausgebaute N 2 ermöglicht schnelle Fahrt per Mietwagen von Durban nach Port Edward. Auf der alten Küstenstraße braucht man wesentlich länger.
- An der Wild Coast gilt: Kurven, Hügel und Vieh auf den Straßen verlängern die Fahrtzeiten erheblich.

Tour-Start:

Die an der Nataler Bucht gelegene Hafenstadt **Durban/eThekwini** **9** › S. 109 ist nicht nur bei Südafrika-

Besuchern ein beliebter Zwischenstopp. Auch bei Einheimischen steht die Millionenstadt am Indischen Ozean dank des subtropischen Klimas für einen Badeurlaub das ganze Jahr über hoch im Kurs. Zu Weihnachten vergnügen sich indische und schwarzafrikanische Familien an der »Golden Mile«, Durbans 6 km lange Amüsier- und Hotel-Meile.

An der dicht besiedelten **South Coast** zwischen Durban und Port Edward reiht sich ein Urlaubsort an den anderen, hier mangelt es nicht an Übernachtungsmöglichkeiten. Ein starker Kontrast dazu ist das bislang kaum erschlossene Gebiet der ehemaligen Transkei weiter südlich mit der **Wild Coast**. Schlagartig ändert sich mit der Provinzgrenze das Landschaftsbild, auch kulturell gibt es neue Facetten Südafrikas zu entdecken. Rundhütten der hier lebenden Xhosa dominieren die Hügellandschaft bis zum Horizont. Lange Stichstraßen führen zur Felsenküste am oft stürmischen Ozean. **Port St. John's** 11 › S. 113 und **Coffee Bay** 12 › S. 114 eignen sich gut für einen Aufenthalt zum Wandern oder Angeln.

Einen Halt sollte man auch in **Umtata** 13 › S. 114 einplanen, um das Nelson Mandela Museum zu besichtigen. Von dort werden Führungen in den Heimatort des ehemaligen Präsidenten angeboten.

Eine angenehme Übernachtungsmöglichkeit in der Region ist das Oribi Gorge Hotel beim schönen **Oribi Gorge Nature Reserve** bei Port Shepstone 10 › S. 113.

Wichtige Adresse

Alle Unterkünfte in den staatlichen Parks sind über **Ezemvelo KZN Wildlife** zu buchen: Tel. 033/845 1000, bookings@kznwildlife.com, www.kznwildlife.com

Unterwegs in Johannesburg

Noch liegt die sommerliche Hitze des späten Dezembertags in den Straßenschluchten von Johannesburg, aber schon wirkt die City wie ausgestorben. Dabei ist gerade ein ganz normaler, hektischer Arbeitstag im Manhattan Südafrikas zu Ende gegangen. Johannesburg ist eine Stadt der Pendler.

Im benachbarten Soweto leben schätzungsweise 1,5 Mio. Schwarze – mehr als doppelt so viele Menschen wie im eigentlichen Johannesburg. Stadtentwicklungspläne gehen von einer Verdopplung der Einwohner bis 2025 aus … Der Großraum Johannesburg zählt heute etwa 8 Mio. Einwohner.

Melville und Sandton

In Johannesburg schlägt nicht nur das wirtschaftliche Herz Südafrikas. Hier gibt es auch die größte Zahl von Galerien und Museen; von hier gingen Theaterstücke um die Welt. Nachts herrscht in den Kneipen,

Jazzlokalen und Restaurants der Seventh Street im nördlichen Stadtteil **Melville** Hochbetrieb.

Im Großraum Johannesburg leben auch wirtschaftlich besser gestellte Schwarze; junge Leute und Intellektuelle aller Hautfarben üb-

---

! Erst-klassig

Lebhafte Märkte

....

- Auf dem **African Craft Market** in Rosebank/Johannesburg findet man Kunsthandwerk aus ganz Afrika – Handeln ist Pflicht (Cradock Avenue, tgl. geöffnet).
- Der **Country Craft Market** in Sommerset West nahe Kapstadt bietet hochwertiges Kunsthandwerk jenseits des Üblichen (186 Main Road, www.countrycraft market.org, im Sommer 2–4 mal im Monat).
- Die **Neighbourgoods Markets** in Kapstadt (Old Biscuit Mill, 373 Albert Rd., Woodstock) und Johannesburg (73 Juta St., Braamfontein) jeden Samstag dienen als Treffpunkt und Umschlagplatz für frische Farmprodukte und Waren aus der Region (www. neighbourgoodsmarket.co.za).
- Auch **Bauernmärkte** haben ihren Reiz: In Johannesburg bauen Farmer sonntags ihre Stände auf, (**Fourways Farmers Market**, Monte Casino Boulevard, www. ffmarket.co.za), in Pretoria jeden Samstag (**Pretoria Boeremark**, Pioneer Park Museum, www. pretoriaboeremark.co.za).

---

ten sich hier schon in Zeiten strenger Apartheid in Zusammenarbeit und Freundschaft. In den letzten Jahren haben sich viele Firmen und Hotels an der innerstädtischen Peripherie angesiedelt. Das nördlich gelegene Viertel **Sandton** mit seinen Villen, Büros, Kaufhäusern, Kneipen und Hotels liegt direkt neben der riesigen Township Alexandra.

Carlton Center und Joubert Park

Einen höchst eindrucksvollen Blick auf die Stadt bietet **Top of Africa** Ⓐ, [c3] der 50. Stock des Carlton Center, mit 220 m Höhe das höchste Gebäude Afrikas. An klaren Tagen reicht der Blick bis zu den Magaliesbergen (Mo–Fr 9–18, Sa bis 17, So bis 14 Uhr, Tel. 011/308 1331).

Im schönen Joubert Park liegt die 1910 gegründete **Johannesburg Art Gallery** Ⓑ [c1]. Im sorgsam renovierten Gebäude sind Gemälde und Plastiken südafrikanischer, britischer, niederländischer und französischer Künstler ausgestellt, u. a. Werke von Cézanne, van Gogh, Monet, Picasso und Renoir. Im Skulpturengarten stehen u. a. auch Arbeiten von Rodin (Di–So 10 bis 17 Uhr; Tel. 011/725 3130).

Zwischen Diagonal Street und MuseumAfrica

Die **Diagonal Street** Ⓒ [b2] durchbricht als einzige Straße die Schachbrettstruktur der Innenstadt. Schon von Weitem ist das **De-Beers-Verwaltungsgebäude** (Architekt: Helmut Jahn) erkennbar. Einen Kon-

Das MuseumAfrica verdeutlicht südafrikanische Kulturgeschichte

trast dazu bildet der nahe **KwaZulu Muti Shop** samt Museum (Nr. 14a, Mo bis Fr 7.30–17, Sa bis 13.30 Uhr) mit Kräutern und anderen Heilmitteln der Zulu. **50 Dinge** ③② › **S. 16.**

1976 gründeten der schwarze Autor Athol Fugard und der weiße Theaterexperte Barney Simon das **Market Theatre** ❶ [a2] in der Brée Street. Das Haus in der alten Markthalle war bald schon viel mehr als nur der erfolgreiche Versuch, Weiße und Schwarze auf den drei Bühnen und im Zuschauerraum zu versammeln. Proteststücke gegen die Apartheid gingen nach London und New York – so die Musicals »Sarafina!« und »Woza Albert!« von Mbongeni Ngema.

Neben dem Market Theatre zieht im alten Obst- und Gemüsemarkt das **MuseumAfrica** ❺ [a2] mit interessanten Ausstellungen zur Kulturgeschichte Südafrikas Besucher an (Di–So 9–17 Uhr, Tel. 011/833 5624, http://themuseumafrica.org).

SEITENBLICK

Auf Gold gebaut

Der Australier George Harrison entdeckte 1886 Gold und setzte damit den folgenschwersten Wirtschaftsboom des Kontinents in Gang. Schon Mitte der 1890er-Jahre lebten über 50 000 Europäer meist britischer Herkunft in Johannesburg, das buchstäblich auf Gold gebaut ist. Unter der City erstrecken sich Minengänge von über 12 km Länge, Abraumhalden prägen das Stadtbild. In der Industriezone am Witwatersrand arbeiten rund 400 000 Menschen – etwa 75 000 unter Tage – in etwa 20 Goldminen. Das leicht erreichbare Gold ist ausgebeutet, heute wird in Tiefen von 2000–4000 m gearbeitet – damit sind die südafrikanischen Minen die tiefsten der Welt. Aufgrund veralteter Anlagen ging in den letzten Jahren die Förderung zurück; über 130 000 Minenarbeiter verloren ihren Job. Und je tiefer man graben muss, desto teurer und gefährlicher wird es, das Gold ans Tageslicht zu befördern.

Origins Centre F

Diese Topattraktion der Stadt präsentiert anschaulich die Geschichte der Menschheitsentwicklung in Südafrika und die Geschichte der San. Fred und Fang, zwei lebensgroße Dinosaurier, sind die Stars der paläontologischen Abteilung (Yale/Enoch Sontonga St., Witwatersrand University, Braamfontein, tgl. 10 bis 17 Uhr, www.origins.org.za).

Johannesburg ist keine Stadt für gemütliche Spaziergänge. Die KRIMINALITÄTSRATE ist wegen der schlechten Lebensverhältnisse besonders in den Townships sehr hoch. Nehmen Sie stets ein Handy mit eingespeicherter Notrufnummer (Tel. 101 11) mit.

Info

Joburg Tourism
- Park City Transit Centre (1. Etage)
  Rissik/Wolmarans St. (Bahnhof)
  Tel. 011/214 0700 | www.gauteng.net
  www.joburgtourism.com

Verkehrsmittel

Zur Fußball-WM 2010 ging das **Bustransportsystem Rea Vaya** in Betrieb. Bislang verkehren Busse zwischen Ellis Park und Soweto und in einem Rundkurs durch die Innenstadt (www.rea vaya.org.za). Der moderne **Gautrain** (www.gautrain.co.za) verbindet Sandton mit dem O.R. Tambo Airport › S. 25 und fährt von Sandton nach Pretoria.

Hotels

The Westcliff Hotel €€€
Luxuriös, aber gutes Preis-Leistungs-Verhältnis. Sicher, ruhige Lage am Zoo.

- 67 Jan Smuts Ave. | Westcliff
  Tel. 011/481 6000
  www.fourseasons.com/johannesburg

Lesedi Cultural Village €€
In Miniaturdörfern der Zulu, Xhosa, Pedi, Ndebele und Basotho wohnen die Gäste mit im Haus ihrer Gastgeber. Fünf schön dekorierte Zimmer in traditionellen Hütten und Häusern. Reservierung erforderlich!
- Lanseria Road (25 km nordwestlich von Johannesburg an der R 512, Ausfahrt Randpark an der N 1)
  Tel. 087/740 9292
  http://aha.co.za/lesedi

Safari Club €€
Große Zimmer, 5 km vom Flughafen, sehr schöner Garten, Pool, Restaurant, kostenloser Airporttransfer.
- 68 Pomona Road, Kempton Park
  Tel. 073/600 2832
  www.safariclubsa.co.za

Das Landhaus €
Strohgedeckte, komfortable Rundbungalows am ländlichen Nordrand der Stadt. Pool, nette deutsche Besitzer.
- 97 Runnymead Rd.
  Chartwell/Sandton (N 1, Ausfahrt William Nicol, dann auf die R 552)
  Tel. 011/460 0105
  www.daslandhaussa.net

Restaurants

Carnivore im Misty Hills Hotel €€€
Ausgefallene Fleisch- und Grillküche, hervorragende Weine. **50 Dinge** ⑱ › S. 14.
- 69 Drift Blvd. | Muldersdrift Estate Mulderdrift | Tel. 011/950 6000
  www.rali.co.za

Wombles €€€

Wer Rindfleisch mag, wird das Wombles lieben; an kaum einem anderen Platz wird das Steak so perfekt zubereitet – das »Man Size Rump« wiegt 1 kg, Mindestverzehr 200 Rand!

• 173rd Avenue | Randburg
  Tel. 011/880 2470
  www.wombles.co.za
  Mo–Fr ganztags, Sa nur abends

Moyo €€

Gute [!] afrikanische Küche, stilvolle Einrichtung.

• Shop 5 | High St. | Melrose Arch
  Tel. 011/684 1477
  www.moyo.co.za

Thava €

Süd- und nordindische Küche auf höchstem, authentischem Niveau.

• 44 The Avenue | Tel. 011/728 2826

Shopping

• Wer nicht nach Durban kommt, sollte in die [!] Oriental Plaza zum Stöbern und Kaufen gehen – über 360 Geschäfte und der Duft des Orients (Ecke Bree St./Main Road, Fordsburg, Mo–Fr 8.30–17, Sa bis 15 Uhr).

• In dem modernen Shoppingcenter [!] Mandela Square in Sandton wird man sicher fündig, ebenso wie im **Sandton Square** (Maude/Fifths Street).

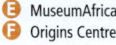

Ⓐ Top of Africa
Ⓑ Johannesburg Art Gallery
Ⓒ Diagonal Street
Ⓓ Market Theatre
Ⓔ MuseumAfrica
Ⓕ Origins Centre

Nightlife

- In **Nikkie's Oasis** – eine der ältesten Adressen des neuen Newton (1995 eröffnet) – treten die Jazzgrößen der Stadt auf, gleichzeitig kann man hier gut speisen (138 Lilian Ngoyi Street, Tel. 011/838 9733).
- Im **Orbit Jazzclub** gehören die Jam-Sessions jeden Dienstag zu den Highlight der Szene (81 De Korte Street, Tel. 011/339 6645, www.theorbit. co.za).

Ausflüge

Gold Reef City [H3]

Diese rekonstruierte Goldgräbersiedlung liegt 7 km südlich des Zentrums an der N 1, Ausfahrt Xavier Street. Heute ein Vergnügungspark,

Im Nelson Mandela House in Soweto

wird hier 200 m unter Tage die Minenarbeit erklärt und das Gießen eines Goldbarrens demonstriert. Auf einer unterhaltsamen Rundfahrt per Eisenbahn oder Kutsche passiert man u. a. das Feuerwehrgebäude und ein Theater. Rasante Achterbahnen, Musik- und Tanzgruppen sorgen für Abwechslung. Minenbesuch mehrmals tgl.; Mi–So 9.30–17 Uhr; Tel. 011/461 9744, www.goldreefcity.co.za.

Apartheidmuseum [H3]

Die multimediale Aufbereitung der Geschichte des Landes zu Apartheidzeiten ist überaus beeindruckend. Lassen Sie sich viel Zeit für den Besuch des Museums gegenüber von Gold Reef City (tgl. 9–17 Uhr, Tel. 011/309 4700, www. apartheidmuseum.org)!

Soweto [G3]

In den South Western Townships, rund 20 km südwestlich von Johannesburg, leben rund 1,3 Millionen Schwarze. Man kann die Megastadt mit ihren sozialen Kontrasten im Rahmen geführter Touren besichtigen, von individuellen Touren ist abzuraten. **50 Dinge** ① › S. 12.

Die Studentenproteste gegen die Rassentrennung thematisiert das **Hector Pieterson Museum** in Orlando West (8267 Khumalo St., Mo bis Sa 10–17, So 10–16 Uhr, Tel. 011/536 0611). Politisch Verfolgte Gegner der Apartheid fanden Schutz in der großen katholischen **Regina Mundi Church** (1149 Khumalo St., Moroka, Tel. 011/986 2546). **50 Dinge** ㉘ › S. 15. 2009 wurde das

Wie überall im Land steht auch in Soweto Fußball hoch im Kurs

Nelson Mandela House in Orlando West wiedereröffnet. Dort lebten früher Winnie und Nelson Mandela (8115 Orlando West., Tel. 011/936 7754, www.mandelahouse.com, tgl. 9–17 Uhr).

Soweto-Touren

Interessante Führungen bieten **Soweto Tours**, Tel. 082/506 9641, www.sowetotour.co.za und **KDR Sports & Adventure Travel**, Tel. 083/535 4553, www.soweto.co.za.

SEITENBLICK

Vuvuzelas, Bafana Bafana und Soccer City

Die Bilder bleiben in Erinnerung, die ohrenbetäubenden Vuvuzelas haben auch in europäische Stadien Einzug gehalten – Südafrika erntete viel Lob als Gastgeber der 19. WM 2010. Sogar Nelson Mandela kam vor dem Finalspiel ins größte und komplett umgebaute Fußballstadion Afrikas, Soccer City in Johannesburg. Zwar hatte Südafrikas Nationalmannschaft die Vorrunde nicht überstanden, doch auch ohne Bafana Bafana feierten schwarze und weiße Südafrikaner gemeinsam ihre große Fußballparty.

Südafrikas Image hat durch das ungetrübte Weltfußballfest gewonnen, ob dies auch für wirtschaftliche Aspekte gilt, bezweifeln viele. Seit die großen WM-Maßnahmen abgeschlossen sind, haben Hunderttausende Bauarbeiter ihren Job verloren, bereits während der vier Turnierwochen gab es große Streiks. Literaturnobelpreisträgerin Nadine Gordimer mahnte, darauf zu achten, dass die Freude über die gelungene Weltmeisterschaft nicht von dem ablenke, was wirklich wichtig sei: das Wohlergehen der Menschen im Land.

Unterwegs im Osten

Golden Gate National Park 2 [H4]

In der bizarren Landschaft aus farbigen Sandsteinfelsen nisten Kaffernadler und Bartgeier. Regen, Wind und Sonne formten aus den Sandsteinfelsen über Jahrhunderte hinweg bizarre Skulpturen, die in der Sonne golden leuchten – daher der Name des Parks. Wanderer und Reiter kommen hier auf ihre Kosten. Ihnen begegnen Zebras, Springböcke und andere Antilopenarten. Die Unterkünfte in Camps und die Wanderung auf dem **Rhebok Hiking Trail** (zwei Tage) bucht man bei South African National Parks (www.sanparks.org, › **S. 31**).

Drakensberge ⭐ [H5]

Der eindrucksvolle Gebirgszug aus Basaltgestein, der größtenteils zum **uKhahlamba-Drakensberg Park** erklärt wurde, erstreckt sich über fast 1000 km von der Limpopo-Provinz bis in die Provinz Eastern Cape. Mit über 3000 m hohen Bergen, tiefen Schluchten und wilden Wasserfällen bieten die Drachenberge, wie sie die ersten Voortrekker nannten, Wanderern und Naturfreunden herrliche Landschaftsimpressionen. In dieser faszinierenden Bergwelt haben zudem die San, die die ersten Bewohner waren, über 4000 Felszeichnungen in Höhlen und an Felsüberhängen hinterlassen (www. drakensberg.org.za).

Die Felszeichnungen der San sind bis zu 10 000 Jahre alt

Royal Natal National Park **3** [H5]

Schon von Weitem ist das rund 1000 m senkrecht abfallende **Amphitheatre** zu erkennen. Die 8 km breite halbmondförmige Basaltwand flankieren die Berge Sentinel (3165 m) und Eastern Buttress (3047 m). In riesigen Kaskaden stürzt der Wasserfall **Tugela** über die Steilwand 850 m in eine Schlucht; im südafrikanischen Winter verkümmert der Wasserfall jedoch zum Rinnsal. Zur Tugela-Schlucht unterhalb des Wasserfalls führt eine reizvolle Tageswanderung (ca. 5 Std. hin und zurück, Badesachen mitnehmen).

Die Hütten und Chalets des **Thendele Camp** sind oft ausgebucht (Reservierung unter www.kznwildlife.com).

Berglandschaft im Giant's Castle Game Reserve

Hotel

Orion Mont-aux-Sources €€
Schöne Anlage am Hang mit Traumblick auf die Bergwelt, Pool, Wanderungen und Ausritte.
• Tel. 086/148 8867
www.montauxsources.co.za

Cathedral Peak **4** [H5]

Von Bergville führt eine Stichstraße zum Naturschutzgebiet. Hier stehen viele Wandermöglichkeiten zur Auswahl, z. B. eine Tagestour in die **Ndedema Gorge.** Unter Dutzenden von Überhängen sind über 2000 größtenteils stark verwitterte Felszeichnungen der San zu entdecken. Eine hervorragende thematische Einführung bietet das **Didima Rock Art Centre** (tgl. 8–13, 14–16 Uhr,

www.didima.info) unterhalb des **Didima Camp** mit Luxus-Chalets sowie Campingplatz, Restaurant und Barbetrieb (Buchung www.kznwildlife.com).

Hotel

Acorn Cottages €€
Hübsches, kleines Gästehaus mit sehr persönlicher Betreuung, 7 Zimmer und Cottages.
• 15 km südlich von Winterton
Tel. 082/805 7354
www.acorncottages.co.za

Giant's Castle Game Reserve **5** ⭐ [H5]

In diesem Park, 65 km südwestlich von Estcourt, kann man in aufregender Hochgebirgslandschaft herrliche Wanderungen unternehmen, so auf dem fünf Tage dauernden **Giant's Cup Trail** vom Sani Pass bis Bushman's Nek, auf dem man in Farmhäusern übernachtet. Neben Raubvögeln nistet hier auch der seltene Bartgeier. In der **Main Cave** sind Felszeichnungen der San zu sehen (Führungen).

Die Chalets und das Restaurant des **Giant's Castle Camp** liegen in traumhafter Umgebung (Reservierung www.kznwildlife.com).

Info

Drakensberg Tourism
• Bergville | Tel. 036/448 1557
  www.drakensberg.org.za

Ausflug zum
Sani Pass ⑥ [H5]

Vom Giant's Castle Game Reserve geht es über Pisten zunächst nach **Himeville** und **Underberg**, wo es einige Gästehäuser und Touranbieter gibt. Ab der am Fuße des Passes gelegenen Grenzstation (Ausweis nicht vergessen!) ist eine Weiterfahrt nur mit 4 × 4-Geländewagen erlaubt. Die letzten 14 Serpentinen des Sani Pass (2873 m) hinauf ins Königreich Lesotho › **S. 142** sind extrem steil, sie winden sich haarnadelförmig die schmale Schlucht hinauf. **50 Dinge** ⑩ › **S. 13**.

Es empfiehlt sich eine geführte Tour hinauf zum **Sani Top** und zu einem der höchstgelegenen Pubs Afrikas, dem **Sani Top Chalet**, eindrucksvoll überragt vom Thabana Ntlenyana (3482 m). Hier kann man schöne Wanderungen unternehmen. Packen Sie unbedingt warme Sachen ein, es kann auch im Sommer einmal schneien!

Hotels

Sani Pass Hotel €€€
Auf dem Weg zum Sani Pass, guter Tourenausgangspunkt. Schöne Berghütten.
• Sani Pass Road
  11 km nördlich von Himeville
  Tel. 086/111 5555
  www.premierhotels.co.za

The Himeville Arms €€
Historisches Haus mit gutem Restaurant und lebhaftem Pub. Hier treffen sich die Farmer der Region am Wochenende. Charmante Zimmer.
• 5 km von Underberg Richtung Himeville | Tel. 086/111 5555
  www.premierhotels.co.za

Weenen Nature
Reserve ⑦ [J5]

Das 6500 ha große, landschaftlich sehr reizvolle Reservat 30 km östlich von Eastcourt beheimatet sowohl Breitmaul- als auch Spitzmaulnashörner und mehr als 30 weitere Säugetierarten, darunter zahlreiche Kudus und Zebras. Bei geführten Touren kann man die Tiere aus der Nähe beobachten. Für eine Übernachtung stehen ein Campingplatz sowie ein Bungalow zur Verfügung (www.kznwildlife.com).

Hotel

Blue Haze Country Lodge €€
Riedgedeckte Bungalows mit Blick auf den Wagendrift-Stausee.
• 7 km von Estcourt in Richtung Giant's Castle Game Reserve
  Tel. 036/352 5772
  www.bluehaze.co.za

Pietermaritzburg/ Msunduzi 8 [J5]

Die Stadt (ca. 230 000 Einw.) wurde von den beiden Voortrekkern Pieter Retief und Gert Maritz nach der Schlacht am Blood River gegründet und später von den Briten zur Verwaltungshauptstadt ausgebaut. Zudem errichteten Inder Tempel und bringen mit ihren Saris und Gewürzmärkten Farbe ins Straßenbild.

Zwischen **Moses Manhida Road** und **Church Street** erstreckt sich eine Fußgängerzone. Das beeindruckende **Rathaus** wurde 1893 aus Backsteinen errichtet. **50 Dinge** 30 › S. 15.

Eine weitere Attraktion ist der Komplex aus **Vortekker** und **Msunduzi Museum** mit dem Hauptgebäude in der Longmarket Street (u. a. Ausstellung zur Stadtgeschichte und zur Entwicklung der Demokratie, Mo–Fr 9–16, Sa 9–13 Uhr, www.msunduzimuseum.org.za).

Das **Natal Museum** zeigt Sammlungen zur Naturgeschichte und Kulturhistorie (Jabu Ndlovu St., Mo–Fr 8.15-16.30, Sa 9–16, So 10 bis 15 Uhr, www.nmsa.org.za).

Info

Pietermaritzburg Tourist Office
Mo–Fr 8–17 Uhr, Sa–13 Uhr
• Publicity House | 177 Chief Albert Luthuli St. | Tel. 033/345 1348 www.pmbtourism.co.za

Hotel

Imperial Protea €€
Großes Hotel mit nostalgischem Flair, schöne Zimmer, gutes Restaurant.

• 224 Jabu Ndlovu St.
Tel. 086/111 9000
www.proteahotels.com

Durban/ eThekwini 9 [J5]

1835 erhielt der 12 Jahre zuvor gegründete Ort den Namen des britischen Gouverneurs d'Urban, aber erst 1935 den Status einer Stadt. Ab 1855 brachte man indische Arbeits-

Erst-klassig

Gratis entdecken

• Zur **Walbeobachtung** muss man nicht unbedingt eine (recht teure) Bootstour unternehmen: Von Hermanus' Strandpromenade kann man die Säuger ebenso bewundern; einfach auf die Hornsignale des Walrufers achten! › S. 73

• Am International Museum Day (18. Mai) und dem Heritage Day (24. Sept.) sind die **Museen** landesweit frei zugänglich.

• Die **Musik** der Einheimischen genießt man am authentischsten in den Straßen Kapstadts: Musiker spielen auf den Gehsteigen – und nur wenn's gefällt, ist ein kleiner Obolus angebracht.

• Wer durch viele Nationalparks tourt, sollte sich die **Wild Card** besorgen. Mit ihr hat man freien Zugang zu über 80 der schönsten und wichtigsten Reservaten Südafrikas (www.sanparks.org).

Vergnügungsmeile Marina Parade
(O. R. Tambo Parade)

hohe Kuppel. Den Bau nutzt Südafrikas zweitgrößtes Kunstmuseum, die **Durban Art Gallery,** in der afrikanische und klassische englische Gemälde, aber auch Kunsthandwerk zu bewundern sind (Mo–Sa 8.30 bis 16, So 11–16 Uhr). Ebenfalls in der City Hall befindet sich das **Natural Science Museum** (Mo–Sa 8.30–16, So 11–16 Uhr). Zentrum der darstellenden Künste in KwaZulu-Natal ist das **Playhouse Theatre** [b3] mit fünf Bühnen. Die Architektur imponiert mit einer seltenen Mischung aus englischem Tudor und maurischem Stil (Tel. 031/369 9555, www.playhousecompany.com).

Neben der **Jumah Mosque** [a2] gibt es in den Hallen des **Victoria Street Market** Fisch und Gemüse plus viel Ramsch und Kitsch zu kaufen (Mo bis Sa 6–17, So 10–15 Uhr). **50 Dinge** ㉒ › S. 15.

kräfte für die Zuckerrohrplantagen hierher – bis 1875 über 30 000. Heute zählt Durban mehr als eine halbe Million Inder, bei einer Gesamtbevölkerung von 3,5 Mio. in der Metropolregion. **50 Dinge** ⑪ › S. 13.

In der City

Kern der Innenstadt Durbans ist der mit Denkmälern geschmückte **Francis Farewell Square** [b3] – benannt nach einem der englischen Händler, die hier 1823 ihre ersten Camps aufbauten.

Vor der Kulisse moderner Hochhäuser wirkt die 1910 fertig gestellte **City Hall** [b3] noch immer imposant – über der Kopie der Stadthalle von Belfast wölbt sich eine 52 m

Beach Front/Golden Mile

Die O. R. Tambo Parade am Indischen Ozean ist mit Hotelhochhäusern und Wasserparks die Flanier- und Amüsiermeile von Durban. Der 6 km lange Sandstrand wird »Golden Mile« genannt. Am Nordstrand liegen die schönen **Amphitheatre Gardens** [c/d1] mit subtropischen Blumen, Teichen, einem Schlangenpark und Minitown, in der bekannte Gebäude der Stadt im Kleinformat zu bestaunen sind.

Im Süden lockt der **Wasserpark uShaka Marine World** [d3] mit seinen riesigen Aquarien, Delfin- und Haibecken. Auch beim Schnorcheln oder Tauchen kann man die

Tiere beobachten oder sich beim Surfen vergnügen (1 Bell St., Point, Tel. 031/328 8000, www.ushakamarineworld.co.za, tgl. 9–17 Uhr).

Nachts sollte man sich nicht zu Fuß an der Golden Mile aufhalten, auch tagsüber sollte man dort nie allein unterwegs sein.

Info

Durban Tourist Junction

Mo–Fr 8–16.30 Uhr, Sa 9–14 Uhr
• 90 Florida Rd.
Tel. 031/322 4164
www.durban.gov.za
www.durbanexperience.co.za

Hotels

Quarters €€€

Stilvolle Herberge: Vier prächtige viktorianische Häuser aus dem 19. Jh. wurden restauriert und mit einer Mischung aus modernem und altem eingerichtet – mit einem Hauch von Afrika.
• 101 Florida Road | Tel. 031/303 5246
www.quarters.co.za

Garden Court Marine Parade €€

Hotel im Art-déco-Stil mit 30 Etagen direkt am Indischen Ozean, Pool auf dem Dach.
• 167 O. R. Tambo (ex Marina) Parade
Tel. 031/337 3341
www.tsogosun.com

| A | Francis Farewell Square | C | Playhouse Theatre | E | Amphitheatre Gardens |
| B | City Hall | D | Jumah Mosque | F | uShaka Marine World |

The Palms €
Komfortables B&B in Durban North in
Strandnähe, Schwimmbad.
• 46 Old Mill Way | Tel. 031/563 5915
  www.thepalmsdurban.co.za

Restaurants

Kashmir € €
Nord- und südindische Küche; angeblich █ die besten Currys der Stadt.
• 11 McCausland Crescent
  Umhlanga Rocks | Tel. 031/561 7486
  www.kashmir-restaurant.co.za

Resto 1999 € €
Postmodernes Lokal mit einfallsreicher
Küche; viel Fisch, große Menüs und nette Kleinigkeiten.
• 117 Vause Road | Tel. 031/202 3406
  www.cafe1999.co.za

Roma Revolving Restaurant € €
Drehrestaurant im 32. Stock, ital. Küche,
Blick auf Stadt und Hafen.
• Victoria Embankment
  John Ross House | Tel. 031/337 6707
  www.roma.co.za
  So geschl., Mo–Do nur abends

Shopping

• Das **African Art Centre** (94 Florida
  Road, www.afriart.org.za) bietet afrikanische Kunst, Stoffe und Schmuck.
• Auch die Läden im attraktiven **BAT
  Centre** (11 Maritime Place, www.
  batcentre.co.za) bieten eine gute Auswahl an landestypischem Kunsthandwerk.

Aktivitäten

Streetscene
Tolle Touren durch das Zentrum, durch
Townships und die Umgebung Durbans,
zu Fuß, mit dem Auto oder mit dem
Fahrrad.
• 187 Argyl Road
  Tel. 031/321 5079
  http://streetscene.co.za

Ausflug an die Nordküste

Der Küstenabschnitt der **Dolphin
Coast** nördlich von Durban ist ruhiger als die Südküste. **Blythale Beach**
gleich hinter **Stanger/Dukuza** z. B.

Die Hai-Polizei in Aktion

Seit Steven Spielbergs Klassiker »Der Weiße Hai« gilt das 8 m lange Tier mit den
rasiermesserscharfen Zähnen als Killer, der auch in Strandnähe nach Beute sucht.
Doch ist das Tier weit weniger gefährlich als sein Image. Er gehört zu einer von
rund 100 Haiarten, die vor der Küste Natals identifiziert wurden. In den 1950er-
Jahren kam es bei Schwimmern zu Dutzenden von Attacken, oft mit tödlichem
Ausgang. 1964 wurden eine Hai-Polizei gegründet und Hainetze auf mittlerweile
45 km Länge vor der Küste bei Durban gespannt. Diese Strände sind heute voll-
kommen sicher. Das interessante **Natal Sharks Board** befindet sich 15 km nördlich von Durban an der M 12 in Umhlanga (Herrwood Drive, Tel. 031/566 0400,
Mo–Fr 8–16 Uhr; Multimediashow mit Haisektion Di–Do 9 und 14 Uhr, jeden
1. So im Monat 14 Uhr, www.shark.co.za).

hat schöne Strände, die nicht mit Fastfoodbuden zugepflastert sind. Das Grab und ein Denkmal erinnern hier an König Shakas letzten Wohnort. Ausstellungen über ihn sowie zur Zulukultur zeigt das Dukuza Museum (Mo–Fr 8.20–16, Sa, So 9–16 Uhr). Jedes Jahr treffen sich in Stanger Tausende Zulu an Shakas Todestag (22. September).

Durbans Südküste

Bis Amanzimtoti wird die Küste als **Sunshine Coast** bezeichnet, danach beginnt die **Hibiscus Coast,** die im 120 km entfernten **Port Edward** endet. 4 km nördlich von **Scottburgh** – bei Surfern und Schwimmern sehr beliebt – ist die Krokodilfarm Crocworld (tgl. 8–16.30 Uhr, Fütterung 11 und 15 Uhr, www.croc world.co.za) mit über 2000 Nilkrokodilen die größte der Welt. **Margate/Uvongo** ist das touristische Zentrum der Hibiscus Coast.

Hotel

Cutty Sark €€
Beliebtes familiäres Hotel am Strand, Panoramarestaurant, Abendshows.
• Old Main Road | Scottburgh
  Tel. 039/976 1230
  www.cuttysark.co.za

Von **Port Shepstone/Umtentweni** **10** [J6] lohnt ein Fahrt zum **Oribi Gorge Nature Reserve** mit einer bis zu 400 m tiefen Schlucht. Wanderwege erschließen die reizvolle Gegend. Im Reservat leben diverse Antilopen- und Affenarten sowie Leoparden (Infos: www.kznwildlife.com).

Hotel

Oribi Gorge Hotel €€
Beliebt für Wochenendausflüge, großes Angebot an Aktivitäten (Wildwasserfahrten, Abseilen, Wanderungen etc.), gutes Restaurant.
• beim Nature Reserve,
  11 km von Port Shepstone entfernt
  Tel. 039/687 0253
  www.oribigorge.co.za

Die Wild Coast

Port St. John's **11** [H6]

In dem ehemaligen kleinen Hafenstädchen Port St. John's verkehrt heute nur noch eine Fähre über den Umzimvubu River. Hinter der Ortsmitte gelangt man zum ersten von insgesamt drei Stränden, Angler und Windsurfer finden hier gute Bedingungen. Der **Second Beach** ist bewacht, an dem dritten und einsamsten liegt das **Silaka Nature Reserve,** das v. a. Küstenwald schützt (zu buchen über das Eastern Cape Tourism Board, www.visiteastern cape.co.za, Tel. 043/705 4400).

Die ungezähmte wilde Küste ist ein Paradies für Wanderer. Von Port Edward bis Coffee Bay verläuft der mehr als 200 km lange **Wild Coast Hiking Trail,** einer der berühmtesten Fernwanderwege Südafrikas.

Unterkunft

Cremorne Estate €€
Gemütliche Holzhütten mit Frühstück, Cottages für Selbstversorger.
• Ferry Point Road,
  5 km außerhalb von Port St. John's
  Tel. 047/564 1110
  www.cremorne.co.za

Mbotyi River Lodge €€
Recht große Lodge, die völlig einsam
und wunderschön an der Wild Coast
liegt. Viele Hütten mit Veranda und
Meerblick.
• 26 km außerhalb von Port St. John's
  Tel. 082/674 1064 | www.mbotyi.co.za

Coffee Bay 12 [H7]

Geprägt wird der scheinbar wild zu-
sammengewürfelte Ort von einer
lebhaften Backpacker-Gemeinde,
die an alte Hippie-Zeiten erinnert.
Bei den Einheimischen ist das Ocean View Hotel inmitten üppiger Vegetation direkt hinter dem Strand
nach wie vor eines der beliebtesten
an der Wild Coast.

Auf einer insgesamt 6 Std. langen
Wanderung geht es oberhalb des
Ortes zur Felsformation **Hole in the
Wall,** dem markantesten Punkt an
der Wild Coast.

Hotel

Ocean View Hotel €€
Viele Zimmer mit Meerblick, gutes Restaurant, organisierte Touren.
• Tel. 047/575 2005
  www.oceanview.co.za

Umtata 13 [H6]

Das Zentrum der Region hat genau
einen Besuchsgrund: das **Nelson
Mandela Museum** (Nelson Mandela
Drive, tgl. 9–16 Uhr, www.nelson
mandelamuseum.org.za). Es ist
dem Leben Mandelas gewidmet,
basierend auf seiner Biografie
»Long walk to Freedom«. Von hier
werden auch geführte Touren zu
seinem Geburtsort Mvezo 67 km

südl. von Umtata organisiert. Kurz
nach dem Abzweig von der N 2
nach Mvezo liegt in dem Xhosa-
Dorf Qunu das **Nelson Mandela
Youth & Heritage Centre,** hier wuchs
Nelson Mandela auf (mit guter
Übernachtungsmöglichkeit und
Restaurant, Tel. 047/538 0217).

Battlefield Route

Eshowe 14 [J5] und Umgebung

In der ältesten Stadt des Zululandes
mit schönen Häusern aus britischer
Zeit ist das Fort Nongqai mit einem
Museum zur Geschichte der Zulu se-
henswert (Tel. 035/474 2281, Mo bis
Fr 7.30–16, Sa ab 9, So ab 10 Uhr,
http://eshowemuseums.org.za).
Hier liegen einige der historischen
Schlachtfelder, Festungen, Gräber
und Gedenktafeln, mit denen die
Battlefield Route gesäumt ist.

Im 14 km entfernten Zuludorf
Shakaland wurde der Film »Shaka
Zulu« (1985) über den mächtigen
König Shaka gedreht. Jetzt bieten
hier 55 traditionelle Hütten komfortable Nachtruhe, täglich ab
11 Uhr gibt es ein Veranstaltungs-
programm (Hotel Shakaland, Tel.
087/740 9292, http://aha.co.za/sha
kaland, €€).

Dundee 15 [J4] und Umgebung

Der Ort war 1899 ein wichtiger
Stützpunkt für die Briten im Krieg
mit den Buren. Das **Talana Museum**
(Mo–Fr 8–16.30 Uhr; Sa–So 9 bis
16.30 Uhr, www.talana.co.za) am
Stadtrand von Dundee vermittelt

Hintergrundinformationen zu den Kriegen zwischen Briten und Zulu, Zulu und Buren sowie Briten und Buren.

Auf der R 33 geht es zum **Blood River Monument** rund 50 km östlich von Dundee. In der weiten Landschaft stehen 64 bronzene Ochsenwagen in Form einer Wagenburg, die an den 16. Dezember 1838 erinnern. Damals wurden 464 Voortrekker unter Andries Pretorius von 10 000 Zulu angegriffen; ein Drittel der Angreifer starb im Kugelhagel der Buren, die einen historisch bedeutenden Sieg davontrugen. Gegenüber verdeutlicht das **Ncome Museum** die Perspektive der Zulu und erweitert so die Sichtweise auf das Geschehen von damals (tgl. 8.30–16.30 Uhr, www.ncomemuseum.org.za).

Im Zuludorf Shakaland

Ulundi 16 [J4] und Umgebung

Bis 1994 war Ulundi (22 000 Einw.) die Hauptstadt des Homeland KwaZulu, heute ist es gemeinsam mi Pietermaritzburg Provinzhauptstadt. Das Parlamentsgebäude und der moderne Flughafen wirken in der weiten Landschaft recht skurril. Sehr beeindruckend ist das **Kwazulu Cultural Museum** in oNdini (8 km östlich) mit dem nachgebauten Kraal des Zulukönigs Cetshwayo (Mo–Fr 8–16, Sa/So 9–16 Uhr, www.zulu-museum.co. za).

Hotel
Garden Court Ulundi €€
Großes, modernes Haus mit Restaurant und Pool, im Bungalowstil.

• Princess Magogo Street
Iel. 035/870 1012
www.tsogosun.com

iSimangaliso Wetland Park 17 9 [K4]

Der viel besuchte Park (vormals Greater St. Lucia Wetland Park) gehört zum UNESCO-Weltnaturerbe (www.isimangaliso.com).Besonders schön und urwüchsig ist der südliche Teil – ein Feuchtgebiet mit Mangrovensümpfen und ursprünglichem Küstenurwald. Um ein System von Seen hinter der sandigen Küstennehrung am Indischen Ozean existieren fünf verschiedene Ökosysteme – entsprechend groß ist die Vielfalt der Flora und Fauna.

Etwa 40 000 Flamingos und 3000 weiße Pelikane brüten und leben im See, ebenso wie Krokodile und Nilpferde. **50 Dinge** ㉗ › S. 15.

Das **Cape Vidal** ist ein Paradies für Angler, hier kann man sich in netten Holzbungalows einquartieren (www.kznwildlife.com). Das angrenzende Meeresreservat bietet den Lederschildkröten Schutz. Die Korallenriffe vor der **Sodwana Bay** mit Sandstrand sind ein Dorado für Sporttaucher und Angler.

St. Lucia an der Mündung des St.-Lucia-Sees ins Meer ist ein schnell gewachsener, unattraktiver Ort mit Ferienhäusern, kleinen Hotels und Imbissläden. In der Nähe beherbergt das **St. Lucia Crocodile Center** diverse Krokodilarten und erklärt das Verhalten der Echsen (tgl. geöffnet, Mi 18.30 und Sa 15 Uhr Fütterung). Ein Wanderweg (ca. 1,5 km) führt durch den Dünenwald an der Küste; im angrenzenden Tierpark gibt es Zebras, Impalas, Nilpferde etc. zu sehen.

Dreimal täglich legt die »St. Lucia« am Mpate River zu einer 1,5-stündigen Fahrt auf dem See ab, dabei kann man Krokodile, Nilpferde und Wasservögel aus nächster Nähe beobachten (Tel. 035/590 1386).

Hotel

Lodge Afrique €€

Acht luxuriöse, strohgedeckte Bungalows in einem kleinen tropischen Garten mit Pool.

• 71 Hornbill St./St. Lucia Estuary
Tel. 035/590 1696
www.lodgeafrique.com

Hluhluwe-Umfolozi N. P. 18 ⭐ [J/K4]

Ein Netz von Autopisten erschließt das Reservat (gesprochen Schluschlue Umfolosi). Der erste Löwe wanderte 1958 aus Mosambik ein – heute sind es meherere Dutzend; Elefanten wurden ebenfalls angesiedelt. In der hügeligen, von Flüssen durchzogenen Landschaft leben 1800 Breitmaulnashörner (von 6500 im ganzen Land) und dazu 300 seltene Spitzmaulnashörner (ca. 900 Tiere gibt es in Südafrika, rund 2500 in ganz Afrika). Trotz aller Bemühungen sind die Tiere wegen ihrer Hörner von Wilderei bedroht.

Die schönste Unterkunft ist das **Hilltop Camp** mit komfortablen Chalets oder einfachen Rondavels für Selbstversorger und einem tollem Blick aufs Reservat (Infos www.kznwildlife.com).

Ithala Game Reserve 19 [J4]

Trotz wunderbarer hügeliger Landschaft mit tief eingeschnittenen Flusstälern und schönen Unterkünften wird das Reservat noch wenig besucht. Es beherbergt viele Nashörner und andere Tiere, u. a. Elefanten und Warzenschweine, die man in aller Ruhe beobachten kann – nachts ein besonderes Erlebnis (Infos www.kznwildlife.com).

Rund 5000 Giraffen leben
im Krüger-Nationalpark

DER NORDEN

Kleine Inspiration

- **Französische Küche vom Feinsten genießen** im Restaurant La Madeleine in Pretoria › S. 123
- **Die umfangreiche Flora des Landes kennenlernen** im Botanischen Garten in Nelspruit › S. 124
- **Eine besonders stilvolle Übernachtung erleben** im Royal Hotel in Pilgrim's Rest und sich in die Zeiten der Goldgräber zurückversetzen › S. 125
- **Tiere hautnah beobachten** von den luxuriösen Hütten der Motswari Lodge in der Timbavati Nature Reserve › S. 127

Vom Steilabfall der Drakensberge schweift der Blick ins Tiefland. Dort ist der wildreiche Krüger-Nationalpark ein beliebtes Safariziel. Im Norden werden alte Kulturen wieder lebendig, die Waterberge bieten Natur pur.

In nur wenigen Stunden erreicht man von Pretoria zwei der beliebtesten Attraktionen des Landes: die Panoramaroute mit dem beeindruckenden Blyde River Canyon und den Krüger-Nationalpark. Private Wildschutzgebiete am Westrand des Parks verbinden ganz nach Wunsch und Geldbeutel Komfort mit maßgeschneiderten Safaris.

Rund um die Ausgrabungsstätten des einstigen Königreichs Mapungubwe eines der jüngsten Naturreservate des Landes. Mythen und Traditionen prägen das Leben der hier lebenden VhaVenda. Im Land der Regenkönigin bei Tzaneen verlocken grüne Berge, kühle Seen und klare Bäche zu einer Rast.

Malariafreie Wildparks mit den »Big Five« bietet die noch wenig entdeckte Region der Waterberge. Die ursprüngliche Natur kann man gut im Mabulani Game Reserve oder im Marakele National Park genießen. Im wildreichen Pilanesberg National Park und in der angrenzenden Kasino-Stadt Sun City tummeln sich die Wochenendurlauber aus Johannesburg und Pretoria.

Touren in der Region

 Tour 10 ## Vom Canyon in den Busch

Route: Pretoria › Sabie › Blyde River Canyon › Krüger-N. P. › Tzaneen › Warmbaths/Bela Bela › Pretoria

Karte: Seite 121
Dauer und Länge: 6 Tage, ca. 1370 km
Praktische Hinweise:
- Gutes Fernglas und Tierbestimmungsbuch für die Wildparks mitnehmen.

- Übernachtungen vorbuchen, Öffnungszeiten der Gates beachten, frühzeitig in einem Park ankommen, um eine Nachtfahrt (ab ca. 16/17 Uhr) mitmachen zu können.
- An Malariaprophylaxe und Mückenschutzmittel denken.

Tour-Start:
Wer morgens zeitig in **Pretoria 1** › S. 122 loskommt, kann noch die Wasserfälle rund um den Ort **Sabie 4** › S. 124 anschauen und dann im Goldgräberstädtchen **Pilgrim's Rest 5** › S. 125 oder in der Nähe des

Blyde River Canyon 7 › **S. 126** übernachten. Der schönste Stopp an der **Panoramaroute** in den Drakensbergen heißt **God's Window** mit Blick in die Weiten des Lowvelds. Für den riesigen **Krüger-Nationalpark** 9 › **S. 127** sollte man sich mindestens zwei Tage Zeit lassen, um in Ruhe die Tiere beobachten zu können.

Rund um **Tzaneen** 12 › **S. 132** erstrecken sich Tee- und Fruchtplantagen, im nahen **Modjadji Nature Reserve** beeindrucken bis zu 12 m hohen Farnpalmen – ein idealer Punkt für eine weitere Übernachtung. Die warmen Quellen von **Warmbaths/Bela Bela** 14 › **S. 133** verlocken noch zu einem Aufenthalt, bevor es zurück nach Pretoria geht.

Oryxantilope (Gemsbock)

Tour 11 — Vom Krüger-Nationalpark zum Limpopo

Route: Pretoria › **Krüger-Nationalpark** › **Mapungubwe National Park** › **Pretoria**

Karte: Seite 121
Dauer und Länge: 7 Tage, ca. 1900 km
Praktische Hinweise:
• Krüger-Nationalpark s. Tour 10. Im Venda-Land wegen schlechter Pisten ev. eine geführte Tour buchen.

Tour-Start:

Von Pretoria geht es auf der N 4 direkt zum **Krüger-Nationalpark** 9 › **S. 127**. Buchen Sie drei Nächte jeweils in einem anderen Camp, z. B.

Lower Sabie im Süden und Olifants oder Letaba in der Mitte, so lernen Sie die unterschiedlichen Landschaften in dem 350 km langen Park kennen. Im Norden bietet sich das historische Camp Punda Maria als letzte Station an, bevor Sie den Park beim Pafuri Gate verlassen.

Im Zentrum von Venda-Land, in **Thohoyandou** 10 › **S. 128**, geht es lebhaft zu. Hier steckt die touristische Infrastruktur noch in den Kinderschuhen. Die Ausgrabungsstätten des alten Königreichs **Mapungubwe** 11 › **S. 129** liegen im gleichnamigen Nationalpark (Übernachtungsmöglichkeiten) im Dreiländereck von Südafrika, Zimbabwe und Botswana. Repliken der interessanten Funde sind heute im Cultural History Museum in Pretoria zu sehen.

Bei **Tzaneen** 12 › **S. 132** erreicht man das Land der Regenkönigin, eine idyllische Landschaft mit Obstplantagen, Wäldern, Seen und Flüssen, wie geschaffen für einen längeren Aufenthalt. Zeit nehmen sollte man sich für den Besuch des Bakone-Malapa-Freilichtmuseums in **Pietersburg/Polokwane** 13 › **S. 132**.

In die Waterberge

Tour 12

Route: **Pretoria › Warmbaths/Bela Bela › Mabulani Game Reserve › Marakele National Park › Pilanesberg National Park › Sun City › Pretoria**

Karte: Seite 120
Dauer und Länge: 6 Tage, ca. 850 km
Reisepraktische Hinweise:
• Das Mabulani Game Reserve ist ein privater Park für Selbstversorger, auch im Marakele National Park gibt es keine Verpflegung. Während der Regenzeit von November bis März können die Straßen wegen Überflutung gesperrt sein.
• Am einfachsten zu bereisen ist der Pilanesberg National Park, hier Unterkünfte rechtzeitig reservieren.

Touren im Norden

Tour ⑩

Vom Canyon in den Busch › S. 118

Pretoria › Sabie › Blyde River Canyon › Krüger-Nationalpark › Tzaneen › Warmbaths/Bela Bela › Pretoria

Tour ⑪

Vom Krüger-Nationalpark zum Limpopo › S. 119

Pretoria › Krüger-Nationalpark › Mapungubwe National Park › Pretoria

Tour ⑫

In die Waterberge › S. 120

Pretoria › Warmbaths/Bela Bela › Mabulani Game Reserve › Marakele National Park › Pilanesberg National Park › Sun City › Pretoria

Tour-Start:

Die noch ursprünglichen Waterberge erreicht man am besten über **Warmbaths/Bela Bela** ⑭ › S. 133. Im malariafreien **Mabulani Game Reserve** können die Besucher zu Fuß, mit dem Mountainbike oder bei einem Game drive mit Führer Tiere live erleben. Zwei Übernachtungen sollte man sich in dem privaten Wildpark gönnen. Quer durch die **Waterberge** ⑮ › S. 133. erreicht man den schön an einem Fluss gelegenen **Marakele National Park**. Auch hier lassen sich die Tiere in aller Ruhe beobachten, deshalb bleibt man am besten ein oder zwei Nächte.

Weniger einsam, aber lohnend ist der **Pilanesberg National Park** 16 › **S. 134** mit Camps aller Art. Mit etwas Glück sehen Sie hier die Big Five. Kontrastreiches Abendprogramm bietet die Kasino-Stadt **Sun City** nebenan.

Verkehrsmittel

Für die Touren in dieser weitläufigen Region bietet sich ein Mietwagen oder Wohnmobil an. So lassen sich am besten alle Sehenswürdigkeiten erreichen. Von Johannesburg kann man auch gleich zum Kruger Mpumalanga International Airport (KMI Airport, www.kmiairport.co.za) fliegen, knapp 50 km vom Krüger-Park und 22 km von Nelspruit/Mbombela, dann geht es weiter mit Mietwagen.

Unterwegs im Norden

Pretoria/ Tshwane **1** [H3]

Die Hauptstadt Südafrikas liegt auf 1365 m Höhe, also etwa 400 m tiefer als die Nachbargroßstadt Johannesburg – deshalb ist das Klima hier im Winter milder. Im Oktober und November sind die Alleen der Innenstadt von einem malvenfarbenen Blütenmeer der rund 60 000 Jakarandabäume umrahmt.

Die behäbig-konservative Stadt (ca. 2 Mio. Einw.) ist im Winter Sitz der Regierung, im Sommer gibt sie diese Position an Kapstadt ab. Pretoria wurde 1855 vom Burengeneral

Union Buildings am Meintjeskop-Hügel

Martinus Wessel Pretorius gegründet und ist heute ein Industriestandort sowie ein Bildungs- und Forschungszentrum. 2005 beschloss der Stadtrat den Namen Tshwane für die zukünftige Distriktverwaltung.

Ausgangspunkt für eine Rundtour durch die Stadt sind die **Union Buildings,** die Regierungsgebäude am Meintjieskop-Hügel im Nordosten der Stadt. Sie gehören zu den architektonisch herausragenden öffentlichen Bauwerken des Landes. Auf dem Rasen vor dem 1913 fertig gestellten imposanten Sandsteinkomplex fand am 10. Mai 1994 die Vereidigung Nelson Mandelas zum Präsidenten Südafrikas statt. Von hier bietet sich ein schöner Blick auf Pretoria.

Die **National Zoological Gardens,** eine der größten Zooanlagen des Kontinents, beherbergt auf 80 ha Parkgelände fast 130 Säugetier- und rund 160 Vogelarten sowie Fische und Reptilien (Paul Kruger St., tgl. 8.30–17.30 Uhr, www.nzg.ac.za). Das **National Museum of Cultural History** vermittelt Einblicke in die prähistorische Felskunst und das Leben der schwarzen Völker (tgl. 8–16 Uhr, www.ditsong.org.za).

In der Mitte des **Church Square** steht eine überlebensgroße **Bronzefigur von Paul Kruger,** Premierminister des damaligen Transvaal ab 1883. Schöne Gebäude aus dem ausgehenden 19. Jh. umrahmen die Rasenflächen: der **Raadsaal** (ehemaliger Regierungssitz), der **Justiz-palast,** das **Postamt** und die **Nationalbank.** Das **Wohnhaus von Paul Kruger** in der Kerk St., in dem der Premierminister 1884–1901 lebte, beherbergt seine Möbel sowie Dokumente aus dem Burenkrieg (Mo bis Fr 8.30–16.30, Sa/So ab 9 Uhr).

Die **City Hall** in der Bosman Street kennzeichnet ein Uhrturm mit 32 Glocken. Vor dem Rathaus stehen die Statuen der Voortrekker Andries Pretorius und seines Sohnes Martinus Wessel, des Stadtgründers. Gegenüber beeindrucken im **National Museum of Natural History** die Ausstellung aller im Land vorkommenden Vogelarten, ebenso die archäologischen und geologischen Sammlungen (tgl. 8–16 Uhr).

Das **Melrose House** an der Jacob Maré Street zählt zu den schönsten Häusern Pretorias. Der wohlhabende Bürger George Heys ließ es 1866 im viktorianischen Stil erbauen, alle Materialien stammen aus England. Die Räume sind noch mit den Möbeln jener Zeit ausgestattet (Di–So 10–17 Uhr).

Infos

Tshwane Tourism
• Old Nederlandsche Bank Bldg.
Church Square | Tel. 012/358 1430
www.tshwanetourism.co.za
Mo–Fr 8–16.30 Uhr

Hotels

Court Classique €€€
58 großzügige Suiten im Vorort Arcadia, Restaurant.
• 743 Schoeman St. | Tel. 012/344 4420
www.courtclassique.co.za

Meintjieskop Guest House €€
Familiär geführtes Gästehaus mit 16 komfortablen Zimmern; Pool, gute Lage.
• 145 Eastwood St. | Eastwood
Tel. 012/342 0738
www.meiguest.co.za

Restaurants

La Madeleine €€€
❗ Exzellente französische Küche, gehört zu den Top Ten Südafrikas.
• 122 Priory Road | Lynnwood Ridge
Tel. 012/361 3667
www.lamadeleine.co.za
So abends und Mo geschl.

Café Riche €
Eine Jugendstiloase inmitten der pulsierenden Stadt.
• Church Square | Tel. 012/328 3173

Aktivitäten

Kwathlano
Das Unternehmen veranstaltet Touren durch Pretorias Zentrum, durch Townships und in die weitere Umgebung.
• 227 Hill Street | Tel. 0861/428 8364
www.kwathlano.co.za

Ausflüge von Pretoria

Voortrekker Monument

6 km südlich von Pretoria erhebt sich auf einem Hügel der düstere, 40 m hohe Quader aus Klinkersteinen mit einem Relief, das 64 aus Granit gehauene Ochsenwagen zeigt. **50 Dinge** ㉙ › S. 15. Der Bau, 1938–1949 errichtet, erinnert an den Großen Trek der Buren und ihre Schlacht gegen die Zulu am

Blood River 1838. 27 Marmorreliefs verherrlichen die Eroberung des Landes durch die Weißen (tgl. Mai bis Aug. 8–17 Uhr, sonst bis 18 Uhr, www.vtm.org.za).

Cullinan ② [H3]

Im hübschen viktorianischen Örtchen 35 km östlich von Pretoria kann man die größte Diamantenmine Südafrikas, die **Premier Diamond Mine**, besuchen. Die Fördergrube ist 600 m tief, 500 m breit und 1000 m lang. Es gibt Führungen über und unter Tage (die Besichtigung der Stollen sollten Sie mind. zwei Wochen im Voraus buchen, Tel. 012/734 0081, www.diamondtourscullinan.co.za).

Nelspruit/ Mbombela ③ [J3] und Umgebung

In der Hauptstadt der Provinz Mpumalanga (60 000 Einw.) sind der **Lowveld Botanical Garden** am Crocodile River (tgl. 8–17/18 Uhr, www.sanbi.org) und die 12 m hohen **Montrose Falls** Attraktionen.

Mega-Diamanten

In der Premier Diamond Mine wurde 1905 der mit 3106 Karat größte Diamant der Welt gefunden, der »Cullinan«. Man spaltete ihn in 106 Teile. Davon schmücken der »Große Stern von Afrika« (530 Karat) das Zepter und der »Kleine Stern von Afrika« die Krone der britischen Königin.

---

41 km südlich von Nelspruit liegt **Barberton**, ein Goldgräberstädtchen von 1884 mit einer der ältesten Börsen Südafrikas und interessanten Museen (www.barberton.co.za).

Über die R37 nach Norden erreicht man die ca. 240 Mio. Jahre alten **Sudwala Caves** mit schönen Tropfsteinformationen (tgl. 8.30 bis 16.30 Uhr, www.sudwalacaves.co.za). Unterhalb der Höhlen wurde ein **Dinosaurierpark** mit lebensgroßen Modellen der Urtiere errichtet.

Panoramaroute ★

Inmitten von Wäldern liegt **Sabie** ④ [J2] mit der größten Papierfabrik Südafrikas und einem Holzmuseum (Mo–Fr 8–16.30, Sa 8–12 Uhr). Von hier führt eine Stichstraße nach Westen zu den knapp 10 km entfernten, 70 m hohen, schmalen **Lone Creek Falls**.

Die R37 biegt nach Westen in Richtung **Lydenburg/Mashishing** ab. **50 Dinge** ㉛ › **S. 15**. Der Name »Ort des Leidens« stammt von dem einst mühsamen Leben der weißen Siedler. Die 45 km lange Strecke bietet schöne Ausblicke und folgt einer alten Voortrekker-Route über den **Long Tom Pass** – so benannt nach der 8 m langen Kanone, die gegen die Briten (»Tommies«) im zweiten Burenkrieg eingesetzt wurde. Die Passage namens Devil's Knuckles war für die Ochsenwagen besonders schwierig. Nördlich von Sabie passiert man die **Mac Mac Falls**. Deren klares Wasser sammelt sich in natürlichen Becken, die zu einem Bad einladen.

Die Lone Creek Falls, einer der zahlreichen Wasserfälle rund um Sabie

Restaurant

The Woodsman €€

Restaurant und Pub mit griechischen Spezialitäten und südafrikanischen Fisch- und Fleischgerichten (auch Unterkunftsmöglichkeit).

• 94 Main Road | Sabie
 Tel. 013/764 2015
 http://thewoodsman.co.za

Pilgrim's Rest 5 ⭐ [J2]

Die historische Goldgräbersiedlung mit ihrer Wildwestatmosphäre und den roten Dächern steht unter Denkmalschutz. Eines der drei ehemaligen Camps außerhalb des Ortes wurde originalgetreu nachgebaut. Neben Geschäften und Kneipen gab es in Pilgrim's Rest auch eine Zeitungsredaktion, schon 1873 wurden die »Gold News« gedruckt. Acht Jahre später gab der Fluss kein Edelmetall mehr her und die Förderung wurde unter Tage fortgesetzt. Wer sich einmal wie ein Goldgräber fühlen möchte, sollte sich im **Diggings Museum** zum Goldwaschen einfinden.

Hotel

Royal Hotel €€

Das ❗ charmante Haus (50 Zimmer) hieß schon 1884 »Royal« und wurde stilgemäß renoviert. Mit Restaurant.

• Tel. 013/768 1100
 http://www.pilgrimsrest.org.za/royal.htm

Restaurant

Digger's Den €€

❗ Ebenso nostalgisch wie das Royal. Serviert wird in Emaillepfannen und Eisentöpfen. Spezialität: »Royal Ribs«.

• Tel. 013/768 1100

Bourke's Luck Potholes 6 [J2]

Hinter Graskop beginnt der schönste Teil der Panoramaroute. Auf einer 15 km langen Nebenstraße östlich der Hauptroute bieten sich spektakuläre Aussichtspunkte, beispielsweise **God's Window** mit einem weitem Blick auf das 1000 m tiefer liegende Lowveld.

An der Hauptstraße passiert man zwei Wasserfälle: die Doppelkaska-

Grandiose Aussicht von World's End in den Blyde River Canyon

den der 92 m hohen **Lisbon Falls** und die **Berlin Falls**.

Die **Bourke's Luck Potholes** sind ein Wunderwerk der Flusserosion: In Jahrmillionen haben in der Strömung rotierende Steine und Sand zylinderförmige Löcher aus dem rötlichen Fels geschliffen (tgl. 8–17 Uhr). Ein Mann namens Bourke fand hier Gold auf seinem Grundstück.

Blyde River Canyon 7 ⭐ 10 [J2]

Die 26 km lange, rund 800 m tiefe Schlucht ist ein Höhepunkt der Panoramaroute, die unter Naturschutz steht. Der faszinierendste Abschnitt sind die **Three Rondavels**. Diese gewaltigen, runden Felsen mit spitzer Abdachung wirken tatsächlich wie überdimensionale Rundhütten. Aussichtspunkte wie **World's End** (im Forever Resort) und Wanderwege unterschiedlicher Länge er-

schließen diesen beeindruckenden Teil der Drakensberge.

Unterkunft

Forever Resort Blyde Canyon €
Großes Gelände mit preiswerten Chalets, Campingplatz, Jugendherberge, Restaurant, Supermarkt und Pool, an der schönsten Stelle des Canyons.
• Tel. 012/423 5600
  www.foreverblydecanyon.co.za

Hoedspruit 8 [J2] und Umgebung

Die Panoramaroute führt weiter nordwärts über den **Abel-Erasmus-Pass** (1242 m), durch den **J.-G.-Strijdom-Tunnel** und eine Schlucht kurvenreich hinunter zum **Lowveld**. Wie eine riesige Mauer ragt die Kette der Drakensberge aus der Ebene. Die Temperaturunterschiede sind v. a. im Sommer beträchtlich. Bald nach dem Tunnel zweigt eine Straße nach **Hoedspruit** ab.

Unweit von hier beginnen zwei je 70 000 ha große private Wildschutzgebiete: **Klaserie** und **Timbavati** (www.klaseriereserve.co.za, http://timbavati.krugerpark.co.za). Knapp 3 km nördlich von Klaserie sollte man das **Hoedspruit Endangered Species Center** (Tel. 015/793 1633, www.hesc.co.za, Voranmeldung erwünscht) mit Dutzenden von Geparden nicht versäumen. In der Wildnis bekommt man das schnelle Säugetier kaum zu Gesicht. Daneben bieten einige private Camps westlich des Krüger-Nationalparks (z. B. das Sabi Sands Game Reserve, www.sabisands.co.za) komfortable bis luxuriöse Unterkünfte und Pirschfahrten an.

Unterkunft

Motswari Private Game Reserve €€€

⚠ 15 luxuriöse Bungalows, tolle Lage.
• Timbavati Game Reserve,
  60 km östlich von Hoedspruit
  Tel. 021/427 5900
  www.motswari.co.za

Blyde Mountain Country House €€
15 luxuriöse Zimmer und Chalets in einem Gartenparadies, exzellentes Restaurant mit Afrikaans-Gerichten.
• 15 km westlich von Hoedspruit
  Tel. 072/480 1334
  www.blydemountainhouse.com

Nkorho Bush Lodge €€
Gepflegte Unterkunft im exklusiven Sabi Sand Private Game Reserve, trotzdem vernünftige Preise.
• Sabi Sands | Gowrie Gate
  Tel. 013/735 5367 | www.nkorho.com

Krüger-National-park 9 ⭐ [J1/2]

Dank der Erweiterungen nach Mosambik und Simbabwe wuchs der weltberühmte Park mit dem neuen Namen **Great Limpopo Transfrontier Park** auf eine Fläche von 36 000 km² an. Er ist Heimat von über 150 Säugetier- und über 500 Vogelarten. In dieser »Arche Noah« leben auf südafrikanischer Seite zum Beispiel 2000 Löwen, ca. 2200 Nashörner und geschätzten 17 000 Elefanten – mehr sollten es aus ökologischen Gründen auch nicht sein, denn immerhin vertilgt ein ausgewachsener Elefant 200 kg Grünzeug am Tag.

Mit ca. 1 Mio. Besuchern pro Jahr ist auch hier die Belastungsgrenze erreicht. Während der Schulferien › S. 153 ist der »Volkspark« überfüllt – Camper und Kleinbusse rollen über 1740 km Naturwege und abseits der 880 km langen Teerstraßen. Die Rastlager sind für diese Zeit schon Monate vorher ausgebucht; bei Übernachtung außerhalb sollte der Parkeintritt zeitig reserviert werden (South African National Parks, › S. 31).

Für Tagesbesucher stehen neben teuren privaten Camps im Krüger-Nationalpark auch etliche preiswerte staatliche Rastlager oder Restcamps (Bungalows) mit rund 4000 Betten und Servicebereichen zur Verfügung, außerdem stationäre Zelte und Campingplätze. Zu den meisten Restcamps gehört ein Restaurant und häufig ein Supermarkt, z. T. auch eine Tankstelle. Selbstver-

Friedliches Nebeneinander im Krüger-Nationalpark

sorger können dazu auch in kleineren Bushveldcamps übernachten.
50 Dinge ⑥ › S. 12.

Satara, Olifants und Letaba

Im mittleren Teil des Nationalparks, bei **Orpen,** kann man die größten Elefantenherden, die meisten Raubkatzen sowie viele Büffel und Zebras beobachten. Akazien, Natal-Mahagoni- und Gurkenbäumen umgeben das Rastlager **Satara**.

Nach Norden hin wird der Bewuchs etwas lichter. Das Camp **Olifants** besticht durch seine herrliche Lage auf einem Hügel. Ab hier lohnt die Weiterfahrt auf guter Piste entlang der Galeriewälder des Letaba-Flusses, wo viele Nilpferde leben und Elefanten zum Trinken hinkommen. Von der Terrasse des schönen Rastlagers **Letaba** lassen sich die Tiere gut beobachten.

Masorini, Punda Maria und Thulamela

Masorini ist eine der bedeutendsten von über 300 im Park gelegenen Ausgrabungsstätten aus der Eisenzeit. Hütten und Vorratskammern sind an einem markanten, pyramidenförmigen Hügel nachgebaut worden. Mit Ankunft in **Punda Maria** erreicht man eines der ältesten und einsamsten Camps im Park. Auf dem Weg zum 76 km weiter Richtung Norden liegenden **Pafuri Gate** zeigt die **Thulamela-Ausgrabungsstätte** eine Siedlung aus dem frühen 13. Jh., wo bereits Gold geschmolzen wurde.

Land der VhaVenda

Rund um **Thohoyandou** 10 [J1] liegt VhaVenda, einst das kleinste »unabhängige« Homeland. Die Venda leben hier noch in typischen Rundhütten und bewahren ihre Mythen und Riten.

Der **Big Tree** mit knapp 34 m Umfang und einem Alter von über 3000 Jahren beim Dorf Zwigodini (9 km von Mavunde) gilt als einer der ältesten und größten Baobabs der Welt. Der Besuch des **Lake Fundudzi** im Sacred Forest ist ohne offizielle Erlaubnis verboten. Der einzige natürliche Inlandsee Südafrikas bildet das Herz der Venda-Kultur.

Hotel

Forever Resort Tshipise €
Großes Rastlager, Unterkünfte unterschiedlicher Kategorie, Caravanpark.
• Tshipise | Tel. 015/539 0634
  www.forevertshipise.co.za

Mapungubwe National Park 11 [H1]

Funde in den Ausgrabungsstätten rund um den **Mapungubwe Hill** im Dreiländereck Südafrika, Botswana und Zimbabwe belegen die Existenz eines bedeutenden Königreiches, das Handel bis nach Ägypten, Indien und China unterhielt. Repliken wie ein goldenes Nashorn mit Zepter und Kugel werden jetzt im **Cultural History Museum** in Pretoria › S. 122 gezeigt. Buchungen für **Camp/Lodge** und Führungen zu den interessanten Fundstätten: Tel. 015/534 7923, www.sanparks.org.

Besonders schön ist der 500 m lange »**Treetop Walk**« 5 m über dem Boden zur Vogelbeobachtung am Limpopo.

Unterkunft

Mopane Bush Lodge €€
Zwölf Zwei-Bett-Chalets in einem nachgebauten Kraal. Die Wildfarm lässt sich gut mit dem Mountainbike erkunden.
• Im Mapesu Nature Reserve,
  40 km westl. von Musina
  Tel. 015/534 7906
  www.mopanebushlodge.co.za

SEITENBLICK

Paul Krüger und der Naturschutz

1883 wurde Paulus Krüger – kurz Paul oder Ohm (Onkel) Krüger genannt – Präsident von Transvaal. Krügers Vorschlag zur Abschaffung des Jagdrechts löste allgemeines Entsetzen aus. Aber er gab nicht nach und ließ 1891 Elefanten und Nilpferde, zwei Jahre später Nashörner und Giraffen unter Jagdschutz stellen. »Für alle Zeiten« solle ein Gebiet vor dem Eingriff der Menschen bewahrt werden, befand Krüger 1898 und erklärte die Wildnis zwischen den Flüssen Sabie und Crocodile zum Schutzgebiet. 1926 wurde schließlich die Einrichtung des Krüger-Nationalparks im Parlament verabschiedet und ein Teil für Besucher freigegeben. Zehn Jahre später existierten bereits 1400 km Wege und mehrere Rastlager. Heute gilt der Krüger-Nationalpark als Modell für den schonenden Umgang mit der Natur, als das »grüne Klassenzimmer der Nation«. Dennoch: Die Wege des Wilds sind durch Straßen und Parkgrenzen zerschnitten, Menschen und Tiere durch Zäune voneinander getrennt.

Abenteuer im Busch

In 20 Nationalparks und mehr als 400 Wildparks sowie mehreren hundert privaten Naturschutzgebieten mit teilweise ausgefallenen Angeboten können Besucher die einzigartige Tierwelt Südafrikas beobachten und atemberaubende Landschaften kennen lernen. Die Unterkünfte rangieren von rustikalen, Stroh gedeckten Hütten und Campingplätzen bis hin zu luxuriösen Anlagen mit allem erdenklichen Komfort. Dank Webcams wird man schon zu Hause auf die Wildnis eingestimmt (www.africam.co.za).

Exklusiv und preiswert

Viele Luxus-Lodges in den privaten Game Reserves westlich des Krüger-Nationalparks sind sehr teuer, doch es gibt eine Alternative: Eine Übernachtung in der **Bongani Mountain Lodge** kostet mit Safari und Halbpension etwa 150 € pro Person. Hier im Mthethomusha Game Reserve begegnet man den »Big Five«, vor allem Nashörnern und Büffeln. Die Safaris durchs Gelände können etwas rau sein, aber dadurch stellt sich ein Hauch von Abenteuer ein. Die Lodge am Berghang bietet eine wunderbare Aussicht und rustikal-komfortable Chalets im Ethno-Kolonial-Stil. Das Reservat liegt am südwestlichen Rand des Krüger-Parks. Info und Buchung Tel. 013/764 3577, http://aha.co.za/bongani.

Leben mit Elefanten

In der **Pongola Game Reserve** südlich von Swaziland sind neben riesigen Impala- und Antilopenherden, Büffeln und Zebras vor allem Elefanten die Attraktion. Denn Pongola war leer gejagt, die Dickhäuter wurden erst vor einigen Jahren aus dem Krüger-Park importiert. Die deutschstämmige Familie Kohrs plant noch viel mehr: Ihre »Space for Elephants« (Platz für Elefanten)-Stiftung möchte alte Migrationspfade der Tiere zu den Reservaten von Itala und Mkuzi wieder öffnen und bis 2020 ein Biosphären-Reservat für 1000 Elefanten schaffen (www.space4elephants.org). Ihre **White Elephant Lodge** mit stationären Groß-Zelten und dem einstigen Farmhaus aus den 1920er-Jahren ist eine der schönsten des Landes. Preiswerter sind die rustikale Buschlodge oder das komfortable Hausboot. Es werden auch Jumbo-Safaris zu Fuß organisiert.

- **White Elephant Lodge** €€€
  Pongola Game Reserve
  Tel. 034/413 2489
  www.whiteelephantlodge.co.za

Baden mit Delfinen

Im nördlichsten Teil des iSimangaliso Wetland Park › **S. 107** liegt die bemerkenswerte **Kosi Bay Forest Lodge** mit luxuriösen, strohgedeckten Hütten. Schnorcheln an der Flussmündung, Kanutouren und Wanderungen durch den einzigartigen Raffia-Wald sorgen hier für Abwechslung. Sicher einzigartig ist die Begegnung mit den verspielten Delfinen in den Küstengewässern – sei es vom Boot aus oder beim Schwimmen. Ein beeindruckendes Schauspiel lässt sich Mitte November bis Mitte Februar beobachten: Nachts kommen zur Brutsaison Meeresschildkröten an den Strand, um ihre Eier abzulegen.

- **Kosi Bay Forest Lodge** €€€
  Kosi Bay Nature Reserve
  Tel. 035/592 9561
  www.kosibaylodge.co.za

Felszeichnungen und Naturpools

Rund 270 km nördlich von Kapstadt liegt **Bushmans Kloof** in den Cederbergen › **S. 76**. Aus dem einstigen Farmgelände der frühen Siedler hat sich hier ein exklusives Naturschutzgebiet entwickelt, bekannt als eine der größten Freiluft-Galerien der Welt: Besucher können mehr als 125 historische Stätten mit Felszeichnungen der San besichtigen.

Das luxuriöse Manor House bietet stilvolle, komfortable Zimmer und Suiten. Neben der Beobachtung der vielfältigen Fauna und Flora sind auch Bergwanderungen, Mountainbiketouren sowie Abseilen und Fischen möglich – oder man entspannt bei einem Freiluftbad in den natürlichen Felsenpools.

- **Bushmans Kloof** €€€
  Tel. 021/437 9278
  www.bushmanskloof.co.za

Die Kosi Bay Forest Lodge bietet viel Abwechslung

Klein Bolayi €€

Die wunderschöne Lodge liegt neben dem markanten Bolayi-Felsen, einer früheren Opferstelle. Zehn Steinhäuser mit Reetdach bieten angenehme Kühle inmitten des schwülen Limpopo-Tals.

• 20 km westl. von Musina
  Tel. 015/534 0975
  www.gamelodgebolayi.com

Tzaneen 12 [J2] und Umgebung

Tzaneen (ca. 15 000 Einw.) ist das Zentrum eines bedeutenden Farmgebiets für Früchte, Gemüse, Tee, Tabak und Nüsse. Wenige Kilometer nördlich laden am **Tzaneen-Stausee** Picknickplätze zur Rast ein.

35 km nordöstlich wurde 1985 das **Modjadji Nature Reserve** eingerichtet, die weltweit größte zusammenhängende Fläche mit Modjadji-Palmen. Diese bis zu 12 m hohen Farnpalmen gehören zu den ältesten Pflanzenarten der Welt. Wanderwege durchziehen das Reservat, in dem Kudus und Impalas leben.

Gleich nebenan liegt der Palast der 2005 verstorbenen **Regenkönigin Makobo Constance Modjadji VI.**, die nach dem Tod ihrer Mutter zwei Jahre zuvor zur bis dahin jüngsten Regentin gekrönt worden war. Die rechtmäßige Nachfolgerin ist die damals drei Monate alte Tochter.

Den Königinnen des Lobedu-Volkes wird Einfluss auf das Wettergeschehen Südafrikas nachgesagt. Tatsächlich herrschte eine Dürreperiode in der Zeit ohne Regentin. Zur Krönung fing es leicht an zu nieseln.

Hotels

Coach House €€€

Besonders schönes Country-Hotel mit Spa, Veranda und Kamin in jedem Zimmer sowie exzellenter, auch vegetarischer Küche.

• Agatha, bei Tzaneen
  Tel. 086/147 7758
  www.coachhousehotel.co.za

Tzaneen Country Lodge €€

Große Lodge mit Spa und Tierfarm, auf der Kinder sich wohlfühlen, während die Eltern im Teegarten die verschiedenen Teesorten verkosten.

• 16 km westlich von Tzaneen
  Tel. 015/304 3079
  www.tznlodge.co.za

Restaurant

Wheel Barrow Outdoor Café €€

Attraktives Café mit tropischem Garten, Gärtnerei und Geschenkboutique. Von Steaks bis Cakes wird hier alles geboten.

• Magoebaskloof Road | Tzaneen
  Tel. 082/739 4424
  Tgl. 8–17 Uhr

Pietersburg/ Polokwane 13 [H2]

125 Polokwane ist die Hauptstadt der Provinz Limpopo (ca. 130 000 Einw.). Das Peter Mokaba Stadium diente 2010 als WM-Spielstätte. Attraktionen der Stadt sind das **Polokwane Game Reserve** mit Breitmaulnashörnern, Säbelantilopen, Giraffen u. a. (Info unter Tel. 015/290 2331). Die Löwen auf dem Gelände des **Protea Hotel The Ranch**

(25 km südl., Tel. 015/290 5000, www.theranch.co.za) traten schon als Darsteller in diversen Filmen auf – hier kann man sogar mit ihnen spazieren gehen.

9 km südlich erfährt man im **Bakone-Malapa-Freilichtmuseum** einiges über Lebensweise und Kunsthandwerk der hier lebenden Nord-Sotho (Mo 8–12.30, Di–Fr 8 bis 17 Uhr, Tel. 015/295 2432).

Info

Limpopo Tourism & Parks
• Southern Gateway Ext. 4, N1 Main Road | Tel. 015/290 2010
www.golimpopo.com

Hotel

Ruby Stone €€€
Modernes und günstiges Stadthotel, nur 18 Zimmer, angeschlossenes Steakhouse.
• 15 Bekker St. | Tel. 015/296 3503
www.rubystone.co.za

Warmbaths/ Bela Bela 14 [H2]

Etwas abseits der N1 sprudeln in Warmbaths stündlich über 20 000 Liter Wasser mit einer Temperatur von 53–62 °C aus einer Quelle. Das Wasser ist radioaktiv und soll rheumatische Krankheiten heilen – am besten probiert man es gleich selbst aus. Zudem liegt der bei Südafrikanern sehr beliebte Thermalort in einer fruchbaren Region mit durchschnittlich 286 Sonnentagen im Jahr, ideale Vorraussetzung für einen längeren Aufenthalt.

Tee-Ernte bei Tzaneen

Hotel

Forever Resorts Aventura
Warmbaths €€
Unterkunft in ordentlichen Hotelzimmern, Chalets oder größeren Blockhäusern, dazu Pool, Heilbäder, Wellness- und Sportangebote. Auch Kinder sind willkommen.
• 1 Chris Hani Drive | Bela Bela
Tel. 014/736 8500
www.foreverwarmbaths.co.za

Waterberg-Region

Aufgrund seiner abgeschiedenen Lage konnte sich das bis auf 2000 m ansteigende **Waterberg-Massiv** 15 [G2] seine Ursprünglichkeit bewahren. Die Berge mit vulkanischem Ursprung sind reich an Chrom, Platin, Nickel, Eisen und Zinn, sodass sich eine lukrative Bergbauindustrie entwickelt hat.

In **Melkrivier** führt eine 4 km lange Piste zum Rhino und Waterberg Museum (www.livingmuseum.co.za) mit einer interessanten Ausstellung über die Bestände des schwarzen Nashorns und den ökologischen Verhältnissen im **Waterberg Biosphere Reserve**.

Im **Marakele National Park** streifen Elefanten, Nashörner und Leoparden durch die Berge. Im Tented Camp hat man einen herrlichen Blick auf die vorbeiziehenden Tiere. Beeindruckend sind die riesigen Zykadeen und die seltenen Yellowwood- und Zedernbäume (www. sanparks.org/parks/marakele).

Wildtiere und Vögel lassen sich im privaten **Mabulani Game Reserve** (50 km westl. von Warmbaths/Bela Bela) bei einer Fußsafari, einer Montainbiketour oder einem Ausritt beobachten. Mehrere Unterkünfte für Selbstversorger (www. mabulani.co.za).

Unterkunft

Leeuwenhof Country Lodge €€€
Hochelegante Lodge mit nur sechs Zimmern, fünf Suiten, zwei Luxuszelten und einem herrlichen Spa-Bereich.
• Modimolle/Nylstroom
  Tel. 014/718 9811
  www.leeuwenhof.com

Shangri-La Country Hotel €€
Haus mit 50 Zimmern in einem schönen Garten.
• Eersbewoon Road
  Modimolle/Nylstroom
  Tel. 014/718 1600
  www.shangrila.co.za

Waterberg Bushveld Retreat €€
B&B mit Cottages und Zelten sowie kleinem Wellnesscenter und Pool.
• zwischen Melkrivier und Vaalwater
  Mobil-Tel. 083/460 2982
  www.bushveldretreat.co.za

Sun City/ Pilanesberg National Park 16 [G2]

In der Urlaubs-Retortenstadt **Sun City,** 160 km westlich von Johannesburg mit Luxushotels, Kasinos, Golfplätzen und Veranstaltungen kommt keine Langeweile auf (www. suninternational.com/sun-city).

Kombinieren lässt sich der Besuch mit einem Aufenthalt im nahen **Pilanesberg-Nationalpark**, auch ein beliebtes Wochenendziel für Einheimische. Auf 50 000 ha im Krater eines erloschenen Vulkans leben u. a. die »Big Five«. Nilpferde räkeln sich in den Wasserlöchern, Giraffen bevölkern die weiten Ebenen, Antilopen und Zebras ziehen vorbei und über 300 Vogelarten schwirren durch die Luft. Für Vogelfreunde gibt es mehrere Beobachtungspunkte. Zur Übernachtung stehen Unterkünfte aller Art zur Verfügung (http://pilanesberggame reserve.co.za).

Hotels

The Palace €€€
Luxushotel im Disneyland-Stil, prunkvolle Architektur, riesiger Pool, Golfplatz.
• Lost City | Sun City
  Tel. 011/780 7855
  www.suninternational.com

Tshukudu Lodge €€€
Hübsche Chalets auf einem Hügel, Blick auf ein Wasserloch.
• Pilanesberg National Park
  Tel. 015/793 2476
  www.tshukudulodge.co.za

Das Palace Hotel in Sun City wird seinem Namen gerecht

Madikwe Game Reserve 17 [G2]

Das 76 000 ha umfassende, wildreiche Madikwe Game Reserve an der Grenze zu Botswana entstand zu Beginn der 1990er-Jahre aus zum großen Teil ungenutztem Farmland. Mit der Operation »Phönix« kamen ein paar Jahre später die ersten Wildtiere in den Park, darunter Breit- und Spitzmaulnashörner, Wildhunde, Antilopen, Büffel, Elefanten und Geparden sowie die »Big Five«. Heute leben hier etwa 15 000 Säugetiere. Nicht weniger als 350 Vogelarten wurden gesichtet. Das private Reservat empfiehlt sich nicht zuletzt deshalb, weil es malariafrei ist, zudem ist es nicht so überlaufen wie manches andere Reservat.

Die Anreise erfolgt von Rustenberg auf der N 4 Richtung Westen nach Zeerust, dann weiter auf der R 49 nach Norden zur Parkgrenze nach 85 km.

Unterkunft

Madikwe Safari Lodge €€€
16 Zimmer, verteilt auf drei Camps, sehr luxuriös; Tierbeobachtung von der Veranda möglich, ECO-House für Veranstaltungen für Kinder.
- Tel. 011/880 9992
  www.madikwesafarilodge.co.za

Madikwe River Lodge €€€
Die luxuriösen Chalets liegen direkt am Ufer des Groot Marico.
- Tel. 087/820 0021
  http://madikwe.net

Mosetlha Bush Camp €€
Die recht einfache, aber gemütliche Lodge bietet Vollpension, Jeep- und Fußsafaris. Max. 16 Gäste.
- Tel. 011/444 9345
  www.thebushcamp.com

HOCHEBENE UND WÜSTE

Kleine Inspiration

- **Das Flair der angeblich ältesten Kneipe Südafrikas genießen** beim Lunch im Pub Star of the West in Kimberley › S. 139
- **Die alten Steinritzungen der San verstehen** im Wildebeest Kuil Rock Art Centre › S. 140
- **Die unwegsame Landschaft Lesothos intensiv erleben** bei einem Ausritt mit einem Basotho-Pony › S. 143
- **Im Augrabies Falls National Park den Wasserfall mitten in der Wüste bestaunen** und das Echo des Oranje hören › S. 145

In Kimberley ist die Zeit des Diamantenfiebers noch lebendig, in Bloemfontein die burische Architektur. In Lesotho, in der Sandwüste der Kalahari oder an den Augrabies Falls beeindruckt vor allem die Landschaft.

In der herben Landschaft der zentralen Hochebene setzen einige Sehenswürdigkeiten besondere Akzente. In Kimberley führten Diamantenfunde, einer der Grundpfeiler des wirtschaftlichen Wohlstands Südafrikas, zu einem riesigen, von Hand geschaffenem Loch, dem Big Hole. An den Augrabies Falls bei Upington stürzt der Oranje donnernd in eine Schlucht – vor allem im November/Dezember ein eindrucksvolles Schauspiel. Die Sandwüste der Kalahari wurde zum Rückzugsgebiet für Löwen, Antilopen und die San, die Ureinwohner Südafrikas. Ein guter Ausgangspunkt für einen Ausflug in das »Himmelskönigreich« Lesotho ist die Rosenstadt Bloemfontein.

Tour in der Region

Diamanten, Berge und Sandmeere

Route: Johannesburg › Kimberley › Upington › Kgalagadi Transfrontier Park › Augrabies Fall National Park › Bloomfontein › Lesotho › Johannesburg

Karte: Seite 131
Dauer und Länge: 9 Tage, ca. 2900 km
Praktische Hinweise:
- Ein Mietwagen ist angebracht. Die Distanzen zwischen den einzelnen Stationen sind lang.
- Tiere und defekte Autos machen Fahrten im Dunkeln riskant.
- Es gibt es nur wenige Hotels.

Tour-Start:

Ausgangspunkt der Tour ist **Johannesburg**, erste Übernachtungsstation **Kimberley** **1** › S. 138. Die Stadt wuchs schnell, die Jagd nach Diamanten ließ kaum Zeit für gediegene Architektur. Dafür grub man das größte je von Menschenhand geschaffene Loch, das Big Hole. Außerhalb Kimberleys kann man Felszeichnungen der San entdecken. Via **Upington** **4** › S. 144 erreicht man über 600 km weiter nordwestlich den **Kgalagadi Transfrontier Park** **6** › S. 145 In der rotsandigen Kalahari sollte man ein paar Tage bleiben, um die vielen Tiere in der weitläufigen Region aufzuspüren. Das Rauschen der **Augrabies Falls** **5** › S. 144 erscheint wie Lärm nach der Stille

Big Hole in Kimberley

der Wüste. Hier ist ebenfalls ein Aufenthalt angesagt. Ruhe dominiert auch in den Bergen von **Lesotho** **3** › S. 142, wo eine Tour auf dem Pony die beste Art der Fortbewegung ist. Als Ausgangspunkt für den Besuch im Königreich bietet sich die »Rosenstadt« **Bloemfontein** **2** › S. 141 an.

Verkehrsmittel

Die Region lässt sich gut mit einem normalen Pkw bereisen. Die Straßen im Kgalagadi Transfrontier Park bestehen aus festen Pisten, die in der Regenzeit z.T. überflutet sind. Wer bei der Anreise Zeit sparen möchte, kann von Johannesburg nach Kimberley oder Upington fliegen und dort einen Mietwagen nehmen.

Unterwegs in der Region

Kimberley **1** [F5]

Hier wurden 1867 die ersten Diamanten gefunden und schon wenige Jahre später schürften Zehntausende im öden Highveld – es entstand das Big Hole, das Große Loch. Als es mit der planlosen Graberei ein Ende hatte, kämpften zwei Männer um die Kontrolle der Diamantenfelder: der Londoner Barney Barnato und Cecil John Rhodes. 1888 übergab der 35-jährige Rhodes seinem Widersacher den bis dahin wertmäßig größten Scheck aller Zeiten über mehr als 5 Mio. Pfund und gründete die **De Beers Consolidated Mines** – so genannt nach der Farm der Brüder De Beers, die reiche Diamantenvorkommen barg. Heute leitet Nicholas Oppenheimer in der dritten Generation den De-Beers-Konzern und kontrolliert damit 90 % der weltweiten Diamantenproduktion.

Zum Komplex des **McGregor Museum** gehören insgesamt sieben Museen: das Haupthaus McGregor Museum (Atlas Street, Mo–Sa 9–17, So 14–17 Uhr), das **McGregor Memorial Museum** (Chapel Street, Mo–Fr 9–17 Uhr) mit Informationen zur Stadtgeschichte, die **Duggan-Cronin Gallery** mit Objekten zur Geschichte der schwarzen Völker (z. B. Alltagsgegenstände) und einer Sammlung beeindruckender Fotografien, die der wohlhabende Bürger Alfred Duggan-Cronin zwischen 1919 und 1939 von »Eingeborenen« machte (Egerton Road, Mo–Fr 9–17 Uhr), das **Dunluce House** (Lodge Road) und das **Rudd House** (Loch Road, beide nur nach Voranmeldung zu besichtigen, Tel. 053/839 2722). Außerhalb der Stadt liegen das **Magersfontein Battlefield** (30 km auf der N8, tgl. 8–17 Uhr) und die **Wonderwerk Cave** (an der R 31, tgl. 8 bis 17 Uhr, www.museumsnc.co.za).

Das neoklassizistische Rathaus, die **City Hall** im Herzen von Kimberley (225 000 Einw.) an der Old Main Street/Ecke Transvaal Road, wurde 1899 fertig gestellt; die Straßenlampen am Platz sind Nachbildungen der Originale. Kimberley rühmte sich schon 1882 als erste Stadt des

Landes einer elektrischen Beleuchtung.

Vom Rathaus aus fährt als Touristenattraktion eine restaurierte offene Trambahn aus dem Jahr 1913 zum **Big Hole** und dem Kimberley Mine Museum. Die historische Bahn zuckelt kurz nach der Abfahrt quietschend an einem lang gestreckten viktorianischen Gebäude in der Stockdale Street vorbei, der **De-Beers-Verwaltungszentrale.** Das geschichtsträchtige Haus war ab 1879 Sitz der Central Mining Company.

Auf Wunsch hält die Bahn am Pub **Star of the West,** angeblich die älteste Kneipe Südafrikas mit entsprechendem Flair – ein guter Anlaufpunkt zum Lunch. Sie erhielt ihre Schanklizenz 1873.

Kimberley Mine Museum ★

Das Museum ist die Endstation der Straßenbahn, ein sehenswertes Dorf aus der Zeit des Diamantenfiebers ab 1869. Anders als die rekonstruierten Häuser von Gold Reef City bei Johannesburg › **S. 96** sind einige dieser insgesamt 49 Gebäude Originale. Dazu gehören die kleine **Deutsch-Lutheranische Kirche** (1875) und Kimberleys ältestes Haus – als

Tour auf der Hochebene und in der Wüste

Tour 13 **Diamanten, Berge und Sandmeere** › S. 137

Johannesburg › Kimberley › Upington › Kgalagadi Transfrontier Park › Augrabies Falls National Park › Bloemfontein › Lesotho › Johannesburg

Fourth Radsaal in Bloemfontein mit seiner charakteristischen Kuppel

»Bausatz« 1877 aus Großbritannien herangeschafft.

Eine der Attraktionen ist der »Real Diamond Display« mit einer Ausstellung von echten Diamanten. Sie informiert über Farben, Typen und Größen der im Big Hole gefundenen Juwelen, darunter ein 616 Karat schwerer ungeschliffener Stein, der größte oktagonale unbearbeitete Diamant der Welt.

Beim Betreten der (nachgebauten) Bar **Digger's Rest** ertönt Klaviergeklimper und Gesang. Oldti-mer-Karossen aus der Zeit um 1900 sind im Museum ebenso ausgestellt wie der 1897 in Chicago produzierte Eisenbahnwaggon für den Direktor der Firma De Beers (Tucker Street, tgl. 8–17 Uhr, www.thebig hole.co.za). Von zwei Aussichtspunkten blickt man in das **Big Hole**, das tiefste von Menschenhand gegrabene Loch der Welt. Von 1889 bis zur Schließung 1914 wurden über 20 Mio. Tonnen Erdreich und Fels ausgehoben. Das Loch hat einen Durchmesser von fast 500 m und ist 800 m tief; der größte Teil ist mit Grundwasser gefüllt. Hier wurden 2700 kg Diamanten im Wert von 35 Milliarden Euro ans Tageslicht gebracht.

Wildebeest Kuil Rock Art Tourism Centre

Das Zentrum, 15 km nordwestlich von Kimberley, schützt Felsen mit 200 alten **Steinritzungen** der San; Audioguides geben Erläuterungen zu den zehn Stationen. Arbeiten der !Xun und Khwe San – Malereien, Textilien, Töpferwaren – werden hier auch verkauft (Mo–Fr 9 bis 16 Uhr, Tel. 053/833 7069, www. wildebeestkuil.itgo.com).

Diamantenförderung

Die **Bultfontein-Mine** ist eine der drei Diamantenminen von Kimberley. Hier begannen Schürfer mit Hacke und Schaufel schon 1869 nach Diamanten zu graben und schufen eines von fünf Big Holes in Südafrika. Mittlerweile ist man bei mehr als 800 m Tiefe angelangt, der Abbau wird sich nur noch einige Jahre lohnen. Die einstige Diamantenmetropole Kimberley ist heute noch mit 10 % an der südafrikanischen Diamantenförderung beteiligt. Reichere Vorkommen finden sich in Cullinan bei Pretoria und in Alexander Bay an der Westküste.

Info

Diamantveld Tourist Office
Mo–Fr 8–17, Sa 9–14 Uhr
• 121 Bultfontein Road
Tel. 053/830 6779
www.solplaatje.org.za
www.kimberley.co.za

Verkehr

Flugverbindungen: tgl. nach Durban, Johannesburg, Kapstadt, Upington u. a. Kein Bustransfer in die Stadt.

Hotels

Cecil John Rhodes Guesthouse €€
Sieben stilvolle Zimmer in einer alten Villa, Teegarten.
• 138 Du Toitspan Road
Tel. 053/830 2500
www.ceciljohnrhodes.co.za

Five Acres Bed & Breakfast €€
Gemütliche Cottages in einem großen Garten mit Pool zu einem sehr guten Preis-Leistungs-Verhältnis.
• 5 MacDougall Street | Eltero Park
Tel. 053/861 1179
www.fiveacres.co.za

Restaurant

Annabell's €–€€
Fleisch, Fisch, Pasta und Pizza in gemütlichem Ambiente, auch vegetarisches.
• 229 Du Toitspan St.
Tel. 053/831 6324

Bloemfontein/ Mangaung 2 [G5]

1841 wurde die »Rosenstadt« an einer Quelle gegründet, heute feiert sie in der zweiten Oktoberhälfte ein Rosenfest. Ein Großteil der rund 800 000 Einwohner des Verwaltungsbezirks arbeitet in staatlichen Institutionen. Bloemfontein, Geburtsstadt des »Herr der Ringe«-Autors Tolkien, ist eine der wenigen Gemeinden Südafrikas ohne Finanzdefizit. Ende 2008 konstituierte sich hier die Partei *Congress for the People* als Konkurrenz zum ANC.

Einen guten Überblick gewinnt man vom **Naval Hill** im Norden der Stadt. Am Fuß des Hügels ist die größte Orchideensammlung des Landes in einer Miniaturlandschaft mit Brücken und kleinen Wasserfällen zu bewundern.

President Brand Street ⭐

Mit gleich zehn interessanten historischen Gebäuden kann die 500 m lange Straße aufwarten. Den Bummel beginnt man am besten an der **City Hall,** die 1935 mit italienischem Marmor erbaut wurde. Das schöne Rathaus ist das Wahrzeichen der Stadt. Unverwechselbar ist der 1893 vollendete **Fourth Radsaal** mit seiner hohen Kuppel und den Vorbau stützenden dorischen Säulen. Bis 1900 tagte hier der Volksrat der ehemaligen Burenrepublik.

Der **Court of Appeal,** das Berufungsgericht, stammt aus dem Jahr 1929. Prächtige Holztäfelungen und Schnitzereien schmücken seine Säle. Das **Old Government Building** von 1875 beherbergt jetzt das National Afrikaans Literary Museum (Mo–Fr 7.30–12.15, 13–16 Uhr, Sa 9–12 Uhr), das um eine Abteilung zur Sesotho-Sprache erweitert wurde. Im Garten stehen Statuen einstiger Burenpräsidenten.

Vorbei an **Waldorf** und **Jubileeum Building** aus den 1920er-Jahren geht es zum 1906 erbauten **Supreme Court**. Schräg gegenüber entstand 1885 die eindrucksvolle **Old Presidency** in viktorianischem Stil.

National Museum und Anglo-Boer War Museum

Das **National Museum** beherbergt eine bedeutende Sammlung von Fossilien und archäologischen Funden, außerdem eine Ausstellung über die Kultur der San und die Geschichte des Oranje-Freistaates (36 Aliwal Street, www.nasmus.co.za, Mo–Fr 8–17, Sa 10–17, So 12 bis 17 Uhr). Den zweiten Krieg zwischen Briten und Buren (1899 bis 1902) dokumentiert das **Anglo-Boer War Museum** an der Monument Road. Der nahe 36,5 m hohen Obelisken erinnert an die 26 000 Frauen und Kinder, die in britischen Konzentrationslagern umkamen (www.wmbr.org.za, Mo–Fr 8–16.30, Sa 10–17, So 11–17 Uhr).

Info

Bloemfontein Tourist Center
Mo–Fr 8–16.15 Uhr, Sa 8–12 Uhr.
• Willows | 60 Park Road
Tel. 051/405 8489
www.mangaung.co.za

Hotels

Hobbit Boutique Hotel €€
Alte noble Villa mit plüschigen Zimmern, Restaurant, Pool im Garten.

• 19 President Steyn Ave.
Tel./Fax 051/447 0663
www.hobbit.co.za

Protea Hotel €€
Modernes Haus, groß aber attraktiv, Garten und Pool, nahe dem Geschäftsviertel.
• 202 Nelson Mandela Drive
Tel. 051/444 4321
www.marriott.com

Restaurants
New York €€
Genießt einen ausgezeichneten Ruf; sehr gute Fleischgerichte, umfangreiche Weinkarte.
• 60 Second Ave. | Westdene
Tel. 051/447 7279
www.newyorkrestaurant.co.za
So abends geschl.

7 on Kellner €–€€
Crossover-Küche mit südafrikanischem und mediterranem Einfluss und Pizza in Lokal mit angenehmer Einrichtung.
• 7 Kellner Street | Tel. 051/447 7928
http://sevenonkellner.co.za

Ausflug ins Königreich Lesotho ★

Mit 30 355 km² ist Lesotho etwa so groß wie Belgien. Die 1,7 Mio. Einwohner sind größtenteils Basotho. ❗ Das »Himmelskönigreich« trägt den Namen zu Recht: Sein niedrigster Punkt liegt 1388 m hoch über dem Meer. Der **Thabana Ntlenyana** (3482 m) ist der höchste Berg des südlichen Afrika. 1987 wurde mit einem gigantischen Staudammprojekt begonnen, das mehr als 30 Jahre dauern wird und fünf Staudämme im Herzen von Lesotho umfasst. Der im Norden entspringende Gariep (in Lesotho heißt er Senqu) wird im Quellbereich aufgestaut und das Wasser dann durch insgesamt 225 km lange Tunnel in den Vaal-Damm im Norden des Oranje-Freistaats geleitet. So soll die Wasserknappheit im Großraum Johannesburg beseitigt werden.

Deutsche, Schweizer und Österreicher benötigen für einen Aufenthalt bis 3 Monate bzw. 30 Tage kein Visum (Reisepass muss noch mindestens 6 Monate nach Einreise gelten). Bei Einreise mit dem Mietwagen muss man ein vom Vermieter ausgehändigtes »Carnet de Passage« (Zolldokument) mitführen. In Lesotho kann man mit südafrikanischen Rand oder der Landeswährung Loti (Mehrzahl Maloti) bezahlen. Beide Währungen haben den selben Kurs.

Sehenswertes

Der Tafelberg **Thaba Bosiu** ist nur 25 km von der Hauptstadt **Maseru 3 [G5]** entfernt. Hier lebte König Moshoeshoe, der Gründer des Königreichs. Auf dem Plateau sind die Ruinen der Festung und die Steingräber der königlichen Familie zu sehen.

120 km südöstlich von Maseru erreicht man den **Maletsunyane-Wasserfall** – mit 193 m einer der höchsten Wasserfälle im südlichen Afrika. Zwei Drittel des Wegs sind Schotterstraße, ab **Semonkong** geht es eine Stunde auf dem Pony weiter.

Besser als jeder Geländewagen: das Basotho-Pony

Der Blick in die atemberaubende Schlucht lohnt sich zweifelsohne!

Die drei Pisten des modernen **Afri-Ski Resort** liegen in den Maluti Mountains in bis zu 3322 m Höhe. Das Skigebiet auf dem Dach Afrikas umfasst zwei Schlepplifte, Schneekanonen aus Österreich, Skischule, Shop (Skier, Snowboards, Ski- und Schneeschuhe) sowie Chalets zum übernachten (Afri-Ski, Tel. 0027/861/237 4754, www.afriski.net).

SEITENBLICK

Ponytrekking

Die schönsten Ecken des Königreichs sind nur auf dem Rücken eines Basotho-Ponys zu erreichen. Berghotels bieten Ausritte von einer Stunde bis zu einer Woche an. Am bekanntesten und sehr erfahren in der Durchführung von Ponytrekking (1 Tag oder 2–6 Tage) ist die **Malealea Lodge** bei Morija, Tel. 0027/82/552 4215, www.malealea.co.ls.

Info
Lesotho Tourism Develpoment Corporation
- Linare/Parliament Road | Maseru
  Tel. 00266/2231 2427
  www.visitlesotho.travel

Hotels
Lesotho Avani €€€
Bietet internationalen Standard und sicher den schönsten Blick auf die Stadt.
- Maseru | Tel. 00266/2224 3000
  www.minorhotels.com

Lancer's Inn €
Bungalows mit Charme in einer Gartenanlage, zentrale Lage.
- Kingsway/Pioneer Road | Maseru
  Tel. 00266/2231 2114
  www.lancersinn.co.ls

Semonkong Lodge €
Schöne Rundhütten, gutes Restaurant, Ponyreiten.
- Tel./Fax 00266/2700 6037
  www.placeofsmoke.co.ls

Upington/Khara Hais 4 [D4]

Der Ort (60 000 Einw.) verdankt seine Existenz dem Bewässerungsfeldbau; Lebensader ist der Oranje. Die große Rosinen-Fabrik ist eine der modernsten der Welt. Außerdem befindet sich hier der größte Weinkeller des Landes.

Im nahen **Spitskop-Reservat** leben Gazellen, Strauße, Zebras und Gnus. Von einem Hügel aus riesigen Granitblöcken bietet sich ein grandioser Ausblick auf die unendliche Weite der Kalahari-Wüste (Info-Tel. 082/445 8324).

Info
Tourist Information
- Green Kalahari Information Centre
  Anton Lubowski Street
  Tel. 054/337 2800
  www.upington.co.za

Unterkunft
Le Must River Manor €€
Komfortables kleines Gästehaus am Flussufer.
- 12 Murray Ave. | Tel. 054/332 3971
  www.lemustupington.com

Augrabies Falls N. P. 5 ⭐ [D4]

Das absolute Highlight des Nationalparks sind die Wasserfälle. Hier ergießt sich der Oranje in mehreren Kaskaden in eine 18 km lange, bis zu 240 m tiefe Granitschlucht. Der größte Wasserfall ist 56 m hoch und 150 m breit.

Am spektakulärsten sind die Augrabies Falls im November und Dezember – nach den Regenfällen im südafrikanischen Frühling. Dann steigen die Tagestemperaturen allerdings auf über 40 °C im Schatten an; deshalb ist der 40 km lange **Klippspringer Hiking Trail** nur von 1. April bis 30. September machbar. Der 5 km lange **Dassie Trail** (Klippschliefer-Weg) kann ganzjährig begangen werden; die Route führt vom Camp zur Schlucht und zum sanft gewölbten Granitgipfel des **Moon Rock**.

Vom Parkplatz im Westen des Parks gelangt man nach einem Abstieg von 100 Höhenmetern zum **Echo Corner.** Man sieht hier nicht nur den Oranje mit seiner eindrucksvollen Schlucht, sondern kann auch sein Echo erleben.

Im Nationalpark leben vor allem die kleinen Klippspringer und andere Antilopenarten, Giraffen und Leoparden. Besuchern stehen klimatisierte Chalets, ein Caravanplatz, Restaurant und Swimmingpool zur Verfügung.

Die Augrabies Falls

Hotel

Dundi Lodge €€
Kleine elegant-luxuriöse Lodge unweit der Wasserfälle mit exzellenter Küche und herzlichen Gastgebern.
• Airport Bvd. | Augrabies Falls
  Tel. 054/451 9200
  www.dundilodge.co.za

Kgalagadi Transfrontier Park 6 ⭐ [D3]

Der riesige, wildreiche Nationalpark (3,6 Mio. ha) entstand aus dem Kalahari Gemsbok National Park auf südafrikanischer und dem Gemsbok National Park auf botswanischer Seite. Hier finden die Tiere genügend Weidegründe. Herden von Oryxantilopen und Springböcken, Geparden, Gnus und andere Großtiere leben in dieser Halbwüste mit rötlichem Sand und einzelnen Akazien. Die Löwen der Kalahari können wochenlang ohne Wasser auskommen. Sie ernähren sich v. a.

von Stachelschweinen. Den südafrikanischen Teil des Parks begrenzen V-förmig zwei fossile Flussbetten (Twee Rivieren), in denen gute Pisten zur Grenze von Namibia führen. Die Zufahrt von Upington zum Südeingang des Parks bei Twee Riviera ist inzwischen asphaltiert (265 km). Das Gebiet des Parks war Siedlungsraum der San. 1999 gab die südafrikanische Regierung ihnen ein Stück Land bei Andriesvaal zurück, ihre traditionelle Lebensweise als Jäger und Sammler ist jedoch nicht mehr möglich.

Unterkunft

Die älteren Rastlager **Twee Rivieren, Nossob** und **Mata Mata** bieten neben Camping auch Chalets, Shops und Tankstelle. Schön ist das Kalahari Tented Camp neben Mata Mata gleich an der Grenze zu Namibia: 15 Chalets mit Zeltwänden auf einer Sanddüne; Wasserloch für die Tiere und Pool. Weitere einfache Camps sind **Bitterpan** und **Grootkolk,** Buchung South African National Parks, www.sanparks.org › S. 31.

EXTRA-TOUREN

Tour 14

Wildparks und Küsten in 14 Tagen

Verlauf: Johannesburg › Pretoria › Blyde River Canyon › Krüger-Nationalpark › Ostküste › Durban › Port St. Johns › Port Elizabeth

Karte: Klappe hinten

Dauer und Länge: Johannesburg/Pretoria › Blyde River Canyon › Krüger-
Nationalpark 6–8 Std. (plus 1 Std. z. B. zum Satara-Camp); Krüger-Nationalpark › Hluhluwe-Umfolozi National Park 8 Std. › Hluhluwe-Umfolozi National Park › Durban 2–3 Std.; Durban › Port St. Johns ca. 4 Std.; Port St. Johns ›
Port Elizabeth 6–7 Std.; ca. 1900 km

Verkehrsmittel:

Für die Strecke benötigen Sie einen Mietwagen. Von Johannesburg starten organisierte Touren zum Blyde River Canyon und in den Krüger-Nationalpark; per Flugzeug geht's von Durban nach Port Elizabeth.

Diese klassische Südafrika-Tour führt Erstbesucher zu einigen herausragenden Attraktionen des Landes. Nach der Ankunft in **Johannesburg** › S. 99
lohnt es sich, für die Erkundung der Metropole zwei Tage zu planen. Wer
das nahe **Pretoria** › S. 122 als Startort gewählt hat, kann die Hauptstadt an
einem halben Tag kennenlernen. In beiden Fällen steht dann die Fahrt zum
Blyde River Canyon › S. 126 auf dem
Programm, dessen wilder Berglandschaft man ein bis zwei Tage
widmen sollte, obwohl nur wenig
östlich der **Krüger-Nationalpark**
› S. 127 mit seinem Wildreichtum
lockt. Nach wiederum zwei bis drei
Tagen unterbricht die lange Fahrt
an die Ostküste von KwaZulu-Natal
das Naturerlebnis, dort bleibt man
zwei Tage im **Hluhluwe-Umfolozi National Park** › S. 116. In der Hafenstadt **Durban** › S. 109, dem Freizeit-
paradies Südafrikas, lohnen zwei
Übernachtungen. Von hier geht es
nach **Port St. Johns** an die raue und
einsame **Wild Coast** (zwei Tage) oder
direkt von Durban per Flugzeug
nach **Port Elizabeth** (1,5 Std.) zum
Ausgangspunkt der berühmten **Garden Route** › S. 84.

Oben: Löwen leben in Rudeln von bis
zu 30 Tieren
Links: Strand in Plettenberg Bay

147

Eine Woche entlang der Garden Route

Verlauf: Port Elizabeth › **Addo Elephant Park** › **Plettenberg Bay** › **Knysna** › **Wilderness Area** › **Oudtshoorn** › **Mossel Bay** › **Cape Agulhas** › **Hermanus** › **Kapstadt**

Karte: Klappe hinten

Dauer und Länge: Port Elizabeth › **Addo Elephant Park** 1,5 Std.; **Tsitsikamma N. P.** › **Plettenberg Bay** 3 Std.; **Plettenberg Bay** › **Knysna** › **Wilderness** › **Oudtshoorn** 2 Std.; **Oudtshoorn** › **Mossel Bay** › **Cape Agulhas** 3,5 Std.; **Cape Agulhas** › **Hermanus** › **Kapstadt** 3,5 Std.; rund 1000 km

Verkehrsmittel:

Zum Besuch aller Sehenswürdigkeiten in der angegebenen Zeit sollten Sie ab Flughafen Port Elizabeth ein Mietauto nehmen. Die Tour eignet sich gut als Anschlussstrecke für die zweiwöchige Reise zu Wildparks und Küsten › **S. 147**, oder für Kurzentschlossene, die im Winter für ein bis zwei Wochen ins Warme möchten.

Gleich nach der Ankunft in **Port Elizabeth** › **S. 82** locken die schönen Sandstrände für ein Bad im Indischen Ozean, ehe Sie afrikanische Natur und Tiere im **Addo Elephant Park** › **S. 84** erleben können. Eine Übernachtung sollte man auf jeden Fall einplanen, um die Tiere auch bei Dunkelheit zu beobachten.

Im **Tsitsikamma National Park** › **S. 84** wird man begeistert sein von der wilden Felsenküste, gegen die das Meer peitscht. Am nächsten Tag lädt der wunderschöne Strand von **Plettenberg Bay** › **S. 85** zum Entspannen ein. Von Juli bis November können Sie hier bei einer Waltour die riesigen Säuger aus der Nähe erleben.

Zu Badespaß locken zum Jahreswechsel auch die kilometerlangen Traumstrände hinter der Lagune von **Knysna** › **S. 87** und rund um **Wilderness** › **S. 88**. In der üppig, saftig grünen Landschaft lohnt eine Fahrt mit dem Paddelboot, ehe es am nächsten Tag ins Landesinnere in die trockene Kleine Karoo und weiter nach **Oudtshoorn** › **S. 89**, dem Zentrum der Straußenwirtschaft, geht.

Zurück an der Küste ist **Mossel Bay** › **S. 89** die nächste Station. Im Museumskomplex liegt das Schiff von Bartholomeu Diaz, mit dem der Portugiese einst zum Kap segelte, und zwar um den südlichsten Punkt Afrikas herum, dem **Cape Agulhas** › **S. 74**. Lassen Sie sich dort den Wind um die Nase wehen und fahren Sie dann nach **Hermanus** › **S. 73**. Auch hier in der Walker Bay kommen die Wale zur Saison (Juli bis November) nahe an die Küste, Grund für einen Aufenthalt.

Oudtshoorn ist das Zentrum der Straußenwirtschaft

In **Kapstadt** › S. 54 sollten Sie direkt in der City wohnen. Hier vergeht allein ein Tag mit Besichtigungen im Zentrum und der Victora & Alfred Waterfront. Bei gutem Wetter fahren sie per Seilbahn hoch zum **Tafelberg** › S. 64 – die besten Chancen für einen Panoramablick sind frühmorgens. Dann bleibt noch Zeit für einen Ausflug nach **Robben Island** › S. 63, dem Verbannungsort von Nelson Mandela.

Tour 16

Die Höhepunkte in 24 Tagen

Verlauf: Johannesburg › Blyde River Canyon › Krüger-Nationalpark › Pretoria › Kimberley › Augrabies Falls › Kgalagadi Transfrontier Park › Keetmannshoop › Clanwilliam › Kapstadt › Oudtshoorn › Plettenberg Bay › Port Elizabeth

Karte: Klappe hinten
Dauer und Länge: Johannesburg › Blyde River Canyon › Krüger-Nationalpark 6–8 Std.; **Krüger-Nationalpark (Süden) › Pretoria** 3 Std.; **Pretoria › Kimberley** 6 Std.; **Kimberley › Augrabies Falls** 6 Std.; **Augrabies Falls › Kgalagadi Transfrontier Park** 5 Std.; **Kgalagadi T. P. › Springbok** 7,5 Std.; **Springbok › Clanwilliam › Kapstadt** 6 Std.; **Kapstadt › Oudtshoorn** 4,5 Std.; **Oudtshoorn › Plettenberg Bay › Port Elizabeth** 5 Std.; rund 4500 km
Verkehrsmittel:
Für die Strecke benötigen Sie einen Mietwagen. Johannesburg wird von den großen Flughäfen in Europa direkt angeflogen. Von Port Elizabeth Inlandsflüge nach Johannesburg, von dort zurück nach Europa.

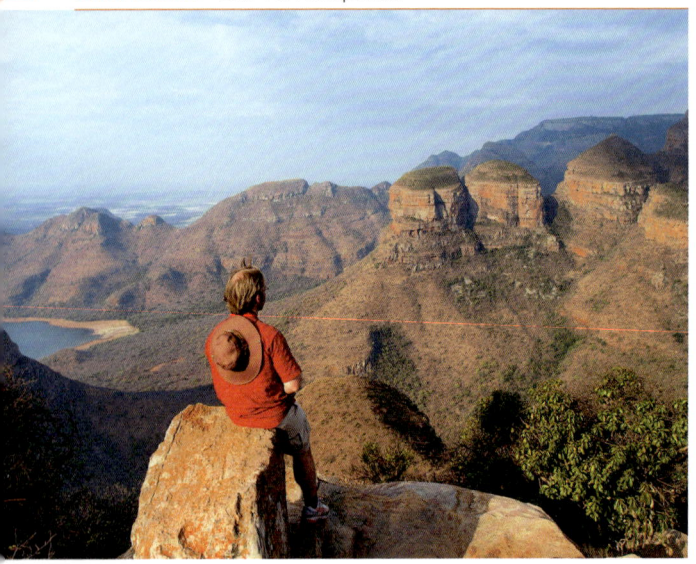

Fesselnder Blick in den Blyde River Canyon in den Drakensbergen

Nach der Ankunft in **Johannesburg** › **S. 99** lohnt es sich, für die Erkundung der Metropole zwei Tage zu planen, bevor einer der weltweit größten Canyons, der **Blyde River Canyon** › **S. 126** mit einer wilden Berglandschaft auf dem Programm steht. Nur wenig weiter östlich lockt der **Krüger-National-park** › **S. 127** mit seinem Wildreichtum, für den Sie sich mindestens zwei bis drei Tage Zeit nehmen sollten. Wenn Sie nach dem Buscherlebnis im Süden den Park wieder verlassen, können Sie in drei Stunden die Hauptstadt **Pretoria** › **S. 122** erreichen, die Sie gut in einem halben Tag erkunden.

Am nächsten Tag ist die Diamantenstadt **Kimberley** › **S. 138** mit dem größten je von Hand erschaffenen Erdloch das Ziel. Nach einer Übernachtung geht es weiter durch endlose Steppenlandschaft nach **Upington** › **S. 144** und zu den rauschenden **Augrabies Falls** › **S. 144**, bevor Sie im **Kgalagadi Transfrontier Park** › **S. 145** den Hauch der Wüste spüren. In **Springbok** › **S. 77** sind Sie im Namaqualand angekommen. Von August bis Oktober verwandelt Regen die trockene Landschaft in ein Blumenmeer. Zu anderen Jahreszeiten fahren Sie direkt weiter nach **Clanwilliam** › **S. 77** und bleiben dort zwei bis drei Tage für Touren in die Einsamkeit der Cederberge.

In **Kapstadt** › **S. 54** sollten Sie sich mindestens vier Tage Zeit nehmen, um die vielen Sehenswürdigkeiten in der Stadt und in der Umgebung zu erkunden. Mitten durch die schöne Landschaft der Kleinen Karoo geht es zur Hochburg der Straußenzucht nach **Oudtshoorn** › **S. 89**, wo Sie eine Nacht auf einer Straußenfarm verbringen können. Erfrischendes Klima empfängt einen an der berühmten **Garden Route** › **S. 84**. In **Plettenberg Bay** › **S. 85** oder

Knysna › S. 87 sollten Sie bei einem Badeaufenthalt die kilometerlangen Traumstrände genießen, ehe Sie von **Port Elizabeth** › S. 82 über Johannesburg oder Kapstadt wieder zurück nach Europa fliegen.

 Tour 17 # Mit dem Blue Train unterwegs

Verlauf: Pretoria › Kapstadt

Karte: Klappe hinten
Dauer und Länge: 26 Std. inklusive zwei Zwischenstopps; 1600 km
Verkehrsmittel:
Den Platz im Luxuszug sollte man mindestens ein Jahr vorher reservieren › S. 26! Unterwegs gilt dann: gepflegte Kleidung tagsüber, Krawatte und Jackett am Abend. Trinkgeld für Kofferträger am Bahnhof und am Ende der Reise in einem Briefumschlag für das ganze Team.

Vom Bahnhof in **Pretoria/Tshwane** › S. 122 geht es früh morgens Richtung Südwesten durch weite Weizenfelder zur Diamantenstadt **Kimberley** › S. 138, wo der Zug spätnachmittags einrollt und ein Besuch im **Kimberley Mine Museum** auf dem Programm steht. Am nächsten Tag geht es durch die einsamere Karroo, gegen Mittag endet die Fahrt in **Kapstadt** › S. 54. Der Zug fährt auch in Süd-Nord-Richtung und hält dann in **Matjiesfontein,** einem Museumsort von 1884 an der N 1 mit einem alterwürdigen Hotel, rotem Doppeldeckerbus und Häusern im viktorianischen Stil. **50 Dinge** ㉓ › S. 15

Viktorianische Architektur vom Feinsten: Lord Milner Hotel in Matjiesfontein

Infos von A–Z

Ärztliche Versorgung

Die ärztliche Versorgung hat europäischen Standard. Apotheken (Pharmacy oder Chemist, in Afrikaans: Apteek) sind gleichzeitig Drogerien. Angaben über den nächsten Arzt (Medical Practitioners) oder Krankenhaus (Hospital) findet man in jedem lokalen Telefonbuch.
• Krankenwagen: Tel. 10 177.

Barrierefreies Reisen

In den größeren Hotels und in den staatlichen Rastlagern wird für behindertengerechte Unterbringung gesorgt. Die **Association for the Physically Disabled** hilft bei der Reiseplanunglanung und vor Ort (www.apd.org.za, Tel. 011/646 8331).

Devisenbestimmungen

Pro Person dürfen max. 25 000 Rand und Fremdwährungen bis 10 000 US$ eingeführt werden. Die Ausfuhr ist bis 25 000 Rand und in Höhe der eingeführten deklarierten Devisen möglich.

Diplomatische Vertretungen

• **In Deutschland:** Südafrikanische Botschaft, Tiergartenstr. 18, 10785 Berlin, Tel. 0 30/22 07 30, Fax 22 07 31 90, www.suedafrika.org
• **In Österreich:** Sandgasse 33, 1190 Wien, Tel. 01/3 20 64 93, Fax 3 20 64 93 51, www.dirco.gov.za/vienna
• **In der Schweiz:** Alpenstr. 29, 3006 Bern, Tel. 031/350 13 13, Fax 350 39 44, www.southafrica.ch
In Südafrika:
• **Deutsche Botschaft,** 201 Florence Ribeiro Ave., Groenkloof, Pretoria 0181, Tel. 012/427 8900, Fax 343 9401, www.southafrica.diplo.de

• **Deutsches Generalkonsulat,** Roeland Park, 4 Stirling Street, Zonnebloem 7925, Tel. 021/405 3000, Fax 421 0400
• **Österreichische Botschaft,** 454a Fehrsen St., Brooklyn, Pretoria Tel. 012/452 9155, Fax 460 1151, www.austrianembassy.co.za
• **Österreichisches Honorarkonsulat,** 390 Ridge Road, 4001 Berea/Durban, Tel. 031/242 5117, Fax 086/512 1089
• **Österreichisches Generalkonsulat,** F2 The Courtyard, Central Park on Esplanade, Century City, Kapstadt, Tel. 021/430 5133
• **Schweizer Botschaft,** 225 Veale St., Parc Nouveau, New Muckleneuk, Tel. 012/452 0660, Fax 346 6605, www.eda.admin.ch/pretoria
• **Schweizer Generalkonsulat,** 1 Thibault Square, Kapstadt, Tel. 021/400 7500, Fax 418 3688

Einreise

Deutsche, Österreicher und Schweizer benötigen für einen Aufenthalt bis zu drei Monaten einen Reisepass (eigenes Reisedokument für Kinder), der noch mindestens dreißig Tage über das Ausreisedatum hinaus gültig ist und mindestens zwei freie Seiten aufweist. Bestimmungen für Lesotho › S. 143.

Elektrizität

220 bzw. 240 Volt Wechselstrom. Die Steckdosen sind dreipolig, in neuere Modelle passen auch zweipolige Stecker. Adapter (Two-Pin-Adapter) sind vor Ort erhältlich.

Feiertage

Neben eigenen Feiertagen von Asiaten und Juden gibt es in Südafrika zwölf gesetzliche Feiertage: 1. Januar,

21. März (Tag der Menschenrechte), Karfreitag, Ostermontag (Familientag), 27. April (Freiheitstag), 1. Mai (Tag der Arbeit), 16. Juni (Tag der Jugend), 9. August (Nationaler Frauentag), 24. September (Tag des Erbes – Shaka Day der Zulu), 16. Dezember (Tag der Versöhnung), 25. und 26. Dezember.

Ferien

Die Termine der Schulferien sind von Provinz zu Provinz verschieden: Sommerferien Anfang Dezember bis Mitte Januar, Osterferien März/April, Winterferien Juni/Juli, Frühlingsferien September/Oktober. Zu dieser Zeit sollte man Unterkünfte unbedingt reservieren!

Geld und Währung

Landeswährung ist der Rand (ZAR), unterteilt in 100 Cents. Im Umlauf sind Banknoten zu 10, 20, 50, 100 und 200 Rand. In Südafrika ist der Wechselkurs günstiger als im Heimatland. Es empfiehlt sich die Mitnahme von Bargeld in Euro. An Bankautomaten erhält man mit der Maestro- bzw. Kreditkarte und PIN Bargeld (meist Gebühr). In vielen Hotels, Restaurants und Geschäften kann man mit Kreditkarte bezahlen.

Gesundheitsvorsorge

Impfungen sind nicht vorgeschrieben, empfohlen werden evtl. Auffrischungen der Impfungen gegen Polio, Tetanus, Diphterie sowie Hepatitis A. Malariaprophylaxe ist anzuraten für den Krüger-Nationalpark, die Provinzen Mpumalanga, Limpopo und den nördlichen Küstenstreifen von KwaZulu-Natal. In stehenden oder lansam fließenden Gewässern sollte man wegen der Bilharziosegefahr nicht baden. Leitungswasser kann in den großen Städten getrunken werden. Die Aidsraten in Südafrika steigen dramatisch; 20 % der erwachsenen Bevölkerung sind HIV-positiv.

Information

In allen größeren Städten des Landes sind Informationsdienste eingerichtet, gekennzeichnet durch »I«.
- **South African Tourism** Friedensstr. 6–10, 60311 Frankfurt, Tel. 0800/118 9118 (kostenfrei), www.dein-suedafrika.de;
- Anfragen aus Österreich und der Schweiz über die jeweiligen Botschaften in Wien und Bern › S. 152.

Kleidung

Auch wenn es an der Küste von KwaZulu/Natal im südafrikanischen Sommer recht heiß ist, können im übrigen Land nicht nur die Abende ziemlich kühl sein; ein warmer Pullover und eine Regenjacke gehören ebenso wie leichte Baumwollkleidung und Badesachen ins Reisegepäck. Zwischen Juli und September sinkt die Temperatur in den Bergen nachts auf unter null Grad. In guten Restaurants und Hotels wird abends formelle Kleidung erwartet. Angesichts der intensiven Sonneneinstrahlung sind eine Sonnenbrille und eine Kopfbedeckung unbedingt ratsam.

Krankenversicherung

Ratsam ist der Abschluss einer Auslandskrankenversicherung, die auch einen medizinisch sinnvollen Rücktransport einschließt. Alle Behandlungs-

Urlaubskasse	
Tasse Kaffee	1 €
Softdrink	1,30 €
Glas Bier	1,50 €
Hamburger/Sandwich	3 €
Sonnencreme (100 ml im Supermarkt)	8 €
Taxifahrt (pro km)	1 €
Mietwagen/Tag	ab 35 €

kosten vor Ort sind gleich zu bezahlen und werden gegen Quittung im Heimatland von der Versicherung erstattet.

Mehrwertsteuer

Die südafrikanische Mehrwertsteuer (VAT – Value Added Tax) von 14 % wird bei einer Kaufsumme von über 250 Rand bei der Ausreise am Flughafen zurückerstattet. Wird die Ware mit Kaufbeleg am VAT-Schalter am Flughafen vorgelegt, erfolgt die Rückzahlung per Scheck (www.dfa.gov.za/consular/vat.htm).

Notruf

• Polizei-Notruf: Tel. 10111
• Ambulanz: Tel. 10177

Öffnungszeiten

Es gibt keine strengen Ladenschlusszeiten. **Geschäfte** sind Mo–Fr 8–17 Uhr, Sa 8–13 Uhr geöffnet (Shoppingcenter bis 21 Uhr). **Tankstellen** bieten meist einen 24-Stunden-Service. **Banken** sind Mo–Fr 9–15.30 Uhr, Sa 9–11 Uhr geöffnet. Die meisten **Postämter** sind Mo–Fr 8–16.30 Uhr, Sa 8–12 Uhr geöffnet.

Sicherheit

In den Zentren der Großstädte hat sich die Situation zumindest während der Geschäftsöffnungszeiten etwas verbessert. Nächtliche Spaziergänge, Fahrten mit Vorortzügen sowie Erkundungen unbelebter Gegenden sollte man unbedingt unterlassen und nur Taxis namhafter Unternehmen nutzen. Wertsachen, Dokumente und Bargeld sollte man immer im Hotelsafe aufbewahren; Soweto oder andere Townships nur im Rahmen einer geführten Tour besuchen. Durchfährt man eine Stadt, sollten Türen des Fahrzeugs von innen verriegelt und Fenster geschlossen werden (siehe die Sicherheitshinweise des Auswärtigen Amts, www.auswaertiges-amt.de).

Telefon/Handy/Internet

Der größte Teil des Landes hat ein gut funktionierendes Telefonnetz. Münzfernsprecher findet man in blauen, Kartentelefone (auch für Ferngespräche) in grünen Telefonzellen. Telefonkarten sind in Postämtern, Supermärkten und am Flughafen erhältlich. Das Mobilfunknetz deckt fast das gesamte Land ab. Handys (Cells) funktionieren mit der eigenen SIM-Karte (hohe Roaming-Gebühren) oder einer preisgünstigen südafrikanischen SIM-Karte mit Prepaid-Guthaben (z. B. von MTN).

Internationale Vorwahlnummern
• Deutschland: 00 49
• Österreich: 00 43
• Schweiz: 00 41
• Südafrika: 00 27
• Lesotho: 00266 (aus Südafrika 09266).

Internetcafés finden sich in größeren Städten leicht. Viele Hotels, B&Bs und auch Backpackers bieten einen Internetzugang, oft auch WLAN.

Trinkgeld

erwarten Mitarbeiter in Restaurants, Zimmermädchen oder Taxifahrer.

Zoll

Für den persönlichen Bedarf gelten folgende Einfuhrbestimmungen: 1 l Sprituosen, 2 l Wein, 400 Zigaretten, 250 g Tabak und 50 ml Parfum; für Jagdwaffen ist eine Genehmigung erforderlich.

Bei Wiedereinreise ins Heimatland sind pro Person über 17 Jahre Waren bis zu einem Gesamtwert von 430 € bzw. 300 CHF zollfrei. Präparierte Tiere dürfen nur mit Genehmigung aus- und in Europa eingeführt werden. Der Import von gefährdeten Pflanzen, Tieren und Elfenbein sowie Produkten daraus ist gemäß dem Washingtoner Artenschutzabkommen strengstens untersagt (www.artenschutz-online.de).

Register

SHUTTLE ZUM TAFELBERG.

Folgen Sie nicht den Straßen, folgen Sie Ihrer Lust
auf Abenteuer. Sowohl auf Reisen als auch zu Hause.
Entdecken Sie die Welt genau so, wie Sie es wollen –
mit dem neuen Hilux. Unaufhaltsam seit 1968.

Der neue Hilux.
Ab sofort
bestellbar.

Kraftstoffverbrauch für den Hilux kombiniert 7,8–6,8 l/100 km, CO_2-Emissionen kombiniert 204–178 g/km. Abb. zeigt Sonderausstattung.

Checkliste Südafrika

Nur da gewesen oder schon entdeckt?

☐ **Bummel durch die Victoria & Alfred Waterfront**
Die Vergnügungsmeile Kapstadts in einem ehemaligen Industrieviertel am Hafen ist eines der beliebtesten Ziele in der Stadt. › S. 59

☐ **Wasserpark voller Tiere**
Im iSimangaliso Wetland Park tummeln sich Nilpferde, Krokodile und Wasservögel – vom Boot aus lassen sie sich am besten beobachten. › S. 15

☐ **Natur pur erleben**
Die vielfältigen Landschaftsformen und die einmalig reiche Tierwelt im Krüger-Nationalpark erlebt man am intensivsten zu Fuß auf einer Walkingtour. › S. 12

☐ **Kapholländische Architektur**
Ein prachtvolles Beispiel für die weißen Herrenhäuser mit ihren strohgedeckten Dächern ist Groot Constantia. › S. 15

☐ **Besuch beim Winzer**
Bei einem Weingutbesuch in Stellenbosch lernt man die ganze Bandbreite an südafrikanischen Tropfen kennen. › S. 14

☐ **Bei den Goldgräbern**
Im Royal Hotel in Pilgrim's Rest verspürt man noch das Flair der historischen Goldgräbersiedlung. › S. 31

☐ **Kostprobe: Zartes Straußensteak**
Das fettarme Fleisch probiert man am besten in einem Restaurant in Oudtshoorn, dem Zentrum der Straußenzucht. › S. 14

Mitbringsel für Daheim

Asiatische Gewürze vom Indian Market in Durban, am besten mit Rezept. › S. 109

Jazz- oder Kwelarhythmen, auf CD gebrannt, begeistern jeden. › S. 43

Bildnachweis

Coverfoto Kruger Nationalpark © Getty Images/Gallo Images
Fotos Umschlagrückseite © mauritius images/Westend 61 (links), Jahreszeitenverlag/Teubner für GU (Mitte); Jahreszeitenverlag/L. Emuel (rechts)

Alamy/AfriPics: U2-4; Astrid Därr: 126, 130; Clemens Emmler: 27, 42, 61, 73, 74, 145; Fotolia/João Freitas: 29; Fotolia/Volker Haak: 146; Fotolia/Marcel Hurni: 150, U2-3; Fotolia/Instinia: 40; Fotolia: Michael Jung: 88; Fotolia/Elzbieta Sekowka: 122; Fotolia/Sheila: 149; Fotolia/Joyce van Stan: 83; Fotolia/Weimar: 72; Werner Gartung: 38, 76, 77, 78, 90, 106, 107, 110, 128, 133, 143; Getty Images/Lonely Planet: 45; Glow Images/AfricaMediaOnline: 131; Huber Images/Hans-Peter Huber: 50; Huber Images/PictureFinders: 35; Huber Images/Massimo Ripani: 48; Huber Images/G. Simeone: 94; Jahreszeitenverlag/L. Emuel: 10 u; Jahreszeitenverlag/Hendrik Holler: 8 u, 71; Jahreszeitenverlag/Walter Schmitz: 32; Jahreszeitenverlag/Teubner für GU: 47; Volkmar Janicke: 30; Dorothee Kern: 67, 119; Friedrich Köthe: 8 o, 9 o, 9 u, 10 o; laif/Clemens Emmler: 60, 64, 85, U2-1; laif/Christian Heeb: 25, 135; laif/hemis.fr/Maisant Ludovic: 58; laif/Le Figaro Magazine/Voge: 136; laif/Meissner: 105; laif/Zurita/dePablo: 101; LOOK-foto/age fotostock: 23, 147, U2-2; LOOK-foto/Franz Marc Frei: 63; LOOK-foto/Jan Greune: 28; LOOK-foto/Per-Andre Hoffmann: 115; Lord Milner Hotel: 151; mauritius images/imagebroker/Peter Schickert: 20; mauritius images/Westend 61: 6; shutterstock/Dominique de la Croix: 13; shutterstock/Francesco de Marco: 117; shutterstock/Kirsten Dewald: 125; shutterstock/Costas Anton Dumitrescu: 15; shutterstock/Nicole Gordine: 17; shutterstock/JaySi: 79; shutterstock/michaeljung: 55; Jürgen Sorges: 43, 104; Wikipedia/CC/Anne97432: 140; Wikipedia/CC/Moongateclimber: 92.

Liebe Leserin, lieber Leser,
wir freuen uns, dass Sie sich für diesen POLYGLOTT on tour entschieden haben.
Unsere Autorinnen und Autoren sind für Sie unterwegs und recherchieren sehr gründlich, damit Sie mit aktuellen und zuverlässigen Informationen auf Reisen gehen können. Dennoch lassen sich Fehler nie ganz ausschließen. Wir bitten Sie um Verständnis, dass der Verlag dafür keine Haftung übernehmen kann.

Ihre Meinung ist uns wichtig. Bitte schreiben Sie uns:
TRAVEL HOUSE MEDIA GmbH, Redaktion POLYGLOTT, Grillparzerstraße 12, 81675 München, redaktion@polyglott.de, 089/450 00 99 41
www.polyglott.de

1. aktualisierte Auflage 2017

© 2017 TRAVEL HOUSE MEDIA GmbH München
Dieses Buch wurde auf chlorfrei gebleichtem Papier gedruckt.
ISBN 978-3-8464-0172-9

Alle Rechte vorbehalten. Nachdruck, auch auszugsweise, sowie die Verbreitung durch Film, Funk, Fernsehen und Internet, durch fotomechanische Wiedergabe, Tonträger und Datenverarbeitungssysteme jeglicher Art nur mit schriftlicher Genehmigung des Verlages.

Bei Interesse an maßgeschneiderten POLYGLOTT-Produkten:
Verónica Reisenegger
veronica.reisenegger@travel-house-media.de

Bei Interesse an Anzeigen:
KV Kommunalverlag GmbH & Co KG
Tel. 089/928 09 60
info@kommunal-verlag.de

Redaktionsleitung: Grit Müller
Verlagsredaktion: Anne-Katrin Scheiter
Autoren: Daniela Schetar, Friedrich Köthe, Werner Gartung, Heidrun Brockmann, Martina Schwikowski
Redaktion: Dorothee Kern
Bildredaktion: Barbara Schmid, Anne-Katrin Scheiter
Mini-Dolmetscher: Langenscheidt
Layoutkonzept/Titeldesign: fpm factor product münchen
Karten und Pläne: Sybille Rachfall, Kunth Verlag GmbH & Co. KG
Satz: Tim Schulz, Mainz, und uteweber-grafikdesign
Herstellung: Anna Bäumner
Druck und Bindung: Printer Trento, Italien

TRAVEL HOUSE MEDIA
Ein Unternehmen der
GANSKE VERLAGSGRUPPE

Mini-Dolmetscher Englisch

Allgemeines

Guten Morgen.	Good morning. [gud **moh**ning]
Guten Tag. (nachmittags)	Good afternoon. [gud after**nuhn**]
Hallo!	Hello! [hä**lloh**]
Wie geht's?	How are you? [hau **ah**_ju]
Danke, gut.	Fine, thank you. [**fain**, **θänk**_ju]
Ich heiße ...	My name is ... [mai **nehm**_is]
Auf Wiedersehen.	Goodbye. [gud**bai**]
Morgen	morning [**moh**ning]
Nachmittag	afternoon [after**nuhn**]
Abend	evening [**ihw**ning]
Nacht	night [nait]
morgen	tomorrow [tu**morr**oh]
heute	today [tu**deh**]
gestern	yesterday [**jes**terdeh]
Sprechen Sie Deutsch?	Do you speak German? [du_ju spihk **dseh**ö**hmən**]
Wie bitte?	Pardon? [**pahdn**]
Ich verstehe nicht.	I don't understand. [ai **dohnt** ander**ständ**]
Würden Sie das bitte wiederholen?	Would you repeat that please? [wud_ju ri**piht** öät, plihs]
bitte	please [**plihs**]
danke	thank you [**θänk**_ju]
was / wer / welcher	what / who / which [wott / huh / witsch]
wo / wohin	where [wäə]
wie / wie viel	how / how much [hau / hau **matsch**]
wann / wie lange	when / how long [wänn / hau **long**]
warum	why [wai]
Wie heißt das?	What is this called? [**wott**_is öis **kohld**]
Wo ist ...?	Where is ...? [**wäər**_is ...]
Können Sie mir helfen?	Can you help me? [kän_ju **hälp**_mi]
ja	yes [jäss]
nein	no [noh]
Entschuldigen Sie.	Excuse me. [iks**kjuhs** miöə]
rechts	on the right [on öə reit]
links	on the left [on öə left]
Gibt es hier eine Touristeninformation?	Is there a tourist information? [is_öərə **tuə**rist infə**meh**schn]
Haben Sie einen Stadtplan?	Do you have a city map? [du_ju häw_ə **βiti** mäpp]

Shopping

Wo gibt es ...?	Where can I find ...? [**wäə** kən_ai faind ...]
Wie viel kostet das?	How much is this? [**hau**_matsch is_öis]
Das ist zu teuer.	This is too expensive. [öis_is **tuh** ikspänn**βiw**]
Das gefällt mir (nicht).	I like it. / I don't like it. [ai **laik**_it / ai **dohnt** laik_it]
Wo ist eine Bank / ein Geldautomat?	Where is a bank / a cash dispenser? [**wäər**_is ə_**bänk** / ə käsch dis**pänn**ser]
Geben Sie mir 100 g Käse / zwei Kilo ...	Could I have a hundred grams of cheese / two kilograms of ... [kud_ai **häw**_ə **hann**drəd grämms_əw **tschihs** / tuh **kill**əgrämms_əw ...]
Haben Sie deutsche Zeitungen?	Do you have German newspapers? [du_ju häw **dseh**öhmən **njuhs**pehpers]

Essen und Trinken

Die Speisekarte, bitte.	The menu please. [öə **männ**ju plihs]
Brot	bread [bräd]
Kaffee	coffee [**koff**i]
Tee	tea [tih]
mit Milch / Zucker	with milk / sugar [wiö_**milk** / **schugg**er]
Orangensaft	orange juice [**orr**əndseh_dsehuhs]
Mehr Kaffee, bitte.	Some more coffee please. [βəm_moh **koff**i plihs]
Suppe	soup [βuhp]
Fisch	fish [fisch]
Fleisch	meat [miht]
Geflügel	poultry [**pohl**tri]
Beilage	sidedish [**βaid**disch]
vegetarische Gerichte	vegetarian food [wädseh**ə**tä**riə**n fud]
Eier	eggs [ägs]
Salat	salad [**βäl**əd]
Dessert	dessert [di**söht**]
Obst	fruit [fruht]
Eis	ice cream [ais **krihm**]
Wein	wine [wain]
weiß / rot / rosé	white / red / rosé [wait / räd / **roh**seh]
Bier	beer [biə]
Mineralwasser	mineral water [**minn**rəl wohter]
Ich möchte bezahlen.	I would like to pay. [ai_wud **laik**_tə peh]